銀行員が教える

一生困らないお金の増やし方

How to increase your money

長岐隆弘
高市 亮

SOGO HOREI PUBLISHING CO., LTD

はじめに

❖貯金は、やばい

突然ですが、質問です。

ボーナス（臨時収入）として１００万円が入ってきたとします。

あなたなら、どう使いますか？

おそらくほとんどの方が「貯金」と答えると思います。

しかし、実際はどうでしょう。積極的に定期預金にして貯金しているわけではなく、銀行の普通口座の中に自動的に振り込まれ、その金額を通帳で確認しただけで満足してそのまま放置しているという状況の人が、圧倒的に多いのではないでしょうか。

実はこれ、「やばい」状況なんです。

２０１６年2月、日本銀行がマイナス金利を発表しました。これは、国内にある銀行がお金を預ける機関である日本銀行が、「今預けても、金利はつかないよ。むしろマイナスだよ」と、各銀行に通達したということです。つまり、「日本銀行に預けずに、もっと利用者に融資しなさい」ということを暗に扇動しているわけです。

通告された銀行側は、やすやすとしてはいられません。今まで空母のような存在だった日銀に「帰ってくるな」と言われたようなものですから、自力で金利を得る方法を模索し始めます。既に、長期国債や保険商品など、金融商品の中には金利を下げ始めたものもあります。

各メガバンクは普通預金の金利を０.０１から０.００１に引き下げました。たった1ヶ月でこの動きですから、少なくとも今後、ほかにも私たち利用者に影響があることは必至です。銀行にお金を預けることの意味が、ますます揺らぎ始めています。

ただ漠然と貯金しているだけでは、とっさの事態に備えることができないのです。〝今すぐ〟行動を起こす必要があります。

❖銀行員なのにお金の不安がなくならなかった

私は以前、みなさんもご存じのメガバンクで働いていました。銀行本部の専門部署の融資担当として、３００億円以上の融資実績があります。

こう言うと、「お金については何の心配もなかったんでしょう」と思われることも多いのですが、実はその逆でした。

当時、お金のみならず、時間についても、大きな悩みを抱えていたのです。

まず、仕事は早朝から深夜まで。終電に間に合えばラッキー、という毎日でした。自由時間など当然なく、休日も仕事のことが頭から離れません。身体の疲れと精神的なストレスが重なって体調を崩し、35歳のときに休職することになってしまいました。

さらに、休職している間にリーマン・ショックが起こり、私の所属していた部署は大幅に縮小されることになりました。それだけでなく、リストラの危機にまでさらされてしまったのです。そのときの不安の大きさは、今思い出しても怖くて足が震えるほどです。


どうしたら、この状況から抜け出せるのか？

どうしたら、この不安を乗り越えられるのか？


何かいい方法はないのかと一生懸命考えて、他の人はどうしているのかを知るため、たくさんのお金に関する本を読んだり、セミナーに参加したりしました。

その結果、たどり着いた結論は「**会社からの給料にすべてを頼っている限り、一生この不安からは逃れられない**」ということでした。

さらに本を読みあさり、セミナーにも出かけるうちに、「これならいける！」と思えるお金の増やし方をようやく見つけたのです。

❖1000万円を一晩のうちに失った

ところが、その投資は詐欺まがいのものでした。そして、当時マイホーム資金として貯めていた1000万円を全額失ってしまったのです。お金の世界は甘くありません。不安を解消するどころか、ますます危機的状況が深まってしまいました。

私には妻と二人の子どもがいます。貯金まで失った今、家族はどうなってしまうのだろう。バラバラになってしまうのではないかという不安と焦りにずいぶん苦しめられました。

資金を失ったことで後戻りできなくなった私は、お金の増やし方を今度こそしっかり考えようと決意しました。そして、周りの銀行員たちや富裕層のお客さまたちの行動や考え方を観察し始めました。「観察」と書いたのは、銀行員やお金持ちは、なかなか自分の投資法についてすすんで話す人が少なかったからです。ならば観察しようと思い、なぜそのような行動をするのか、それがどんな結果につながっているのか、考えていきました。

そんな中でつかんだヒントが「**自分で働くのではなく、お金に働いてもらう**」という、非常にシンプルな考え方だったのです。

今思えば、このときはじめて私は、投資の世界の入口に立てたのだと思います。もちろん、すぐにうまくいくわけはありません。その後も試行錯誤の連続でした。失敗をくり返し、いろいろな投資方法を学び、検討し、行動する中で、ついに私自身にふさわしい投資方法にたどりつきました。

通常の仕事以外に、毎月１００万円以上の収入を得るという、大きな経済的安心を得ることができたのです。

❖給与以外の収入を得られるという大きな安心感

投資にはそれぞれにメリット・デメリットがあります。私が数ある中から選んだ不動産投資のメリットは「**お金と時間の自由をつくることができる**」ということです。「お金の自由」というのは、給与以外の収入を得ることができるということ。会社からの給与だけに依存しなくてもいいという状況になれて、精神的にも大きな自由を味わうことができました。

また、「時間の自由」というのも大変うれしいことです。投資を行うにあたって必要な時間は、せいぜい月5時間程度です。あとの時間はすべて自由に使うことができます。

さらにもう一つ大きなメリットがあります。私はごく普通のサラリーマンで、親が資産家というわけでもありません。資金が豊富にあるわけではなく、まったくゼロの状態から投資の世界に入りました。

投資というのはお金でお金を稼ぐ手法ですから、元となるお金が多いに越したことはありません。もともとお金持ちの人が、ますますお金持ちになれるという世界なのです。ところが不動産投資に関して言えば、その元となるお金の全額を銀行から借りることができます。信じられないかもしれませんが、いわゆる**自己資金がまったくなくても始めることができる**のです。

❖資産家ではない元サラリーマンだからこそ言えること

もちろん、他にもいろいろな投資方法があります。どのやり方が自分に合っているのかは、自分で判断するしかありません。あなたが今ほんの少しでもお金についての不安をお持ちなら、この機会にお金との付き合い方を見直し、投資という手段を真剣に考えてみることをお勧めします。

その際、本書で紹介する「一生困らないお金の増やし方」がきっとお役に立てると確信しています。なぜなら、私自身がつい数年前まではリストラにおびえる、悩めるサラリーマンだったからです。

私は今、自分自身の経験を広く伝えて、一人でも多くの方をお金に対する不安から解放してあげたいという願いから不動産投資家コミュニティを主宰しています。メンバーの中に、次々と「勝ち組」の成功者が現れる一方で、残念ながら「いつまでも勝てない人」もいます。この「勝てる」「勝てない」の差はどこから生じているのか？　それについてじっくり研究して明らかになったこの「一生困らないお金の増やし方」の具体的な方法を、本書では余すことなく読者のみなさんにお伝えするつもりです。

このコミュニティの主要メンバーとして成功への道を歩み始めている高市《たかいち》亮《りょう》氏にも執筆の一部を担当してもらいました。彼の体験や、そこから見出した「法則」は、きっと多くの読者の皆様の役に立つことと信じています。

重要なことは、あなた自身が自分の目指す未来像に向かって、今後どんな方向に進むのかを選ぶ必要があるということです。

ぜひ本書を読んで、一つでも多くの「選択肢」を身につけてください。

そして国や会社に頼らず、補助金や年金の有無、またその金額に一喜一憂しない人生を、自らの力で切り拓いてほしいと願っています。

2016年3月

長岐《ながき》隆弘《たかひろ》

銀行員が教える一生困らないお金の増やし方　目次

第1章　お金持ちのマインド

第2章 銀行員だけが知っている資産運用のウラとオモテ

第3章　投資を始める前に知っておきたいルール

第4章　不動産投資で結果を出す秘訣

ブックデザイン　ＩＳＳＨＩＫＩ
ＤＴＰ　横内俊彦
企画協力　小山睦男（インプルーブ）
編集協力　白鳥美子

第1章

お金持ちのマインド

1

「自由」のためにお金をほしがる人「安心」のためにお金をほしがる人

お金持ちの「考え方とあり方」を真似しよう

ため息が出るくらいお金持ちで、上手にお金を使っている人が世の中にはたくさんいます。「自分もそうなりたい」と思っている人も少なくないでしょう。

しかし、思うだけでは１００％叶いません。**その人たちの行動の裏にある「考え方」や「あり方」を真似していくことが、一番の近道です。**行動ではなく、考え方の真似なら、誰にでもできるからです。

とはいえ、いくら真似をしたいと思っても、年収が自分と何倍も違うような人、年齢や立場がまったく違う人の行動をそっくりそのまま真似することはできません。尊敬する社長が身につけている高級腕時計を無理して買ってみても、一瞬は満足できるかもしれませんが、じゃあスーツはどうする？　靴は？　ネクタイは？　と、キリがありません。負担がかかるばかりで、なりたい姿からはかえってどんどんかけ離れてしまうでしょう。

だからこそ、お金持ちの「モノ」ではなく、「あり方」と「考え方」を真似てみるのです。尊敬する人と同じ腕時計を買うのではなく、相手がその腕時計を選んだ理由を考えて、そこにある考え方を見出し、それを真似すればいいのです。

それがたとえば「高級品を身につけることによって、自分の気持ちが引き締まる」ということであれば、何も数百万円もする時計である必要はありません。胸ポケットに差すボールペンをこれまで使っていた100円のものから高級な万年筆にすれば、同じ効果が得られます。万年筆なら数万円出せばかなり良質なものが手に入ります。筆記具に数万円は痛い出費かもしれませんが、それができることが「あり方」と「考え方」を真似るということになるのです。

この章では、そんな「お金と上手に付き合っている人」のあり方や考え方、マインドの部分を中心に紹介していきます。自分とはどこが違うんだろう？　そう考えながらお読みください。

お金持ちがお金によって得たいものは「安心」ではない

人のお金との付き合い方には、大きくわけると二つの種類があります。

一つが「**お金によって自由を得たいと思う人**」、もう一つが「**お金によって安心を得たいと思う人**」です。

お金によって自由を得たいと思う人は、お金によって今までできなかったことをやってみたり、行けなかった場所に行ってみたりすること、また、ほしかったけど手に入らなかったものを買ったりすることに喜びを感じます。会社の経営者や自営業、オーナー、専門職のフリーランスで働く人などにはこちらのタイプが多いようです。

一方、お金によって安心を得たいと思う人は、現在の生活を維持しつつ、将来的にも保障がほしいと願っています。誰かに守ってもらうことで安心できるのです。大企業の会社員や公務員など、比較的大きな組織に属している人はこのタイプの人が多いのではないでしょうか。

この二つは、決してどちらがよくてどちらが悪いというものではありません。単に考え方が違うだけで、優劣の問題ではありません。

ただ、私が銀行員として多くの富裕層、いわゆるお金持ちの人たちを見てきた経験から考えると、前者のタイプの人が圧倒的に多かったことは事実です。つまり、お金によって「自由を求めるタイプの人」ということです。

あなたはどちらのタイプでしょうか。

「安心派」の人は、少し自分を喜ばせることにお金を使うことを考えてみてもいいかもしれません。

え？「自由派」なのに、お金と上手に付き合えていない？　それはきっと、根本的なところで何かが違っているのだと思います。この本を通して、どこが違っているのか、見極めていきましょう。

2

お金に縁がない人は「先に」幸せになり お金持ちは「最後に」幸せになる

「自分が先」か「他人が先」かで、将来の幸福度が違ってくる?

世の中で、どんな人がお金持ちで、かつ幸せに生きているのか、ということについて考えてみたことはありますか?

「自分が幸せになるためには、まず、お金が必要だ」とばかりに、すぐにでもお金儲けがしたくてガツガツしている人は、多少の臨時収入には恵まれても長続きしないようですし、周りには敵も多そうです。

「本当の幸せはお金では買えない」と、自分の稼いだ範囲内で自分自身の喜びだけを追求している人はそれなりに幸せそうですが、今後その人がお金持ちになれることもないだろうと思ってしまいます。

「幸せなお金持ち」という言葉で私が連想するのは、たとえばフェイスブックの若きCEO、マーク・サッカーバーグ氏のような経営者や、現在メジャーリーグで活躍している田中将大《たなかまさひろ》投手の姿です。

彼らに共通しているのは、**「多くの人を幸せにしている」**ということです。

あなた自身が、あるメーカーの経営者という立場になったと仮定して考えてみてください。せっかく苦労して社長になったのだから、高給をもらって贅沢な生活をしたいな、と思います。そしてそのためにどうすればいいと考えるか。

このとき人は、「お先に」タイプと「最後に」タイプの二つにわかれます。

「お先に」タイプの人と「最後に」タイプの人がたどる末路とは？

「お先に」タイプのA社長はこう考えました。

「私が高給を取るためには、社員にたくさん働いてもらって会社が利益を上げなければならない。利益を上げるためには、仕入れ値をできるだけ低くするよう仕入れ先に申し入れて、かつ、商品をできる限り高く売ろう」と。

実際こういう人は多いものです。まず自分の稼ぎありきで、社員をへとへとになるまで働かせる。そして仕入れ先の利益を圧迫し、お客様にも必要以上の負担を強いて、自分の利益を確保しようとするタイプです。強い欲望がありますので、瞬間的に大儲けしたり、もしかしたらその後もしっかり儲けて自身はお金持ちになれるかもしれません。しかし、このやり方ではいつか必ず限界がやってきます。あくまで、銀行の融資担当として、様々な企業に融資してきた立場だった私の視点からにはなりますが、頼りにしていた社員が逃げてしまったり、仕入先が倒産して供給がストップしたり、お客さんが離れてしまったりしてしまうケースも少なくありません。

一方、「最後に」タイプのB社長はこう考えます。

「たくさん売るためには、とにかくお客さんに喜んでもらわなければならない。喜んでもらえる商品をつくるためには仕入れ先を大切にしなければならないし、販売する社員の力が大切だから、たくさん給料を払ってモチベーションを上げよう。商品がたくさん売れたら最終的に会社は儲かるし、私自身の報酬も自然と増えるだろう」

このように考える社長がいる会社は、どんどん伸びていきます。今安定した大企業として羨望を集めているのは、きっとベースに経営者のこのような考え方があるからこそだと思います。前述のザッカーバーグ氏にしても、フェイスブックを始めた動機は、「自分がお金持ちになるため」ではなく「世の中をもっと幸せにしたい」ということだったはずです。お金というのは、より多くの人を喜ばせた人に、最終的には回ってくるものなのです。

これを「返報性《へんぽうせい》の法則」と呼びます。

お金を得たいと思うのなら、まずは先にお金を与えよ、ということです。

多くのサラリーマンはこう考えます。「まず給料をください。その分の仕事はしっかりします」。しかしこれでは、給料以上にお金が増えていくことは望めません。なぜなら、もらった給料分しか働こうとしないからです。

そうではなくて、まずはお客様や取引先など、**自分が関わる人たちを喜ばせて、その結果としてお金をもらうようにする**わけです。

これは今だけを見ると、一見損をしているように思えますが、最終的には大きなお金を得ることができます。

おもしろいもので、人間の心理として「お返しをするときには、もらった以上のものを返したい」という心理が働くそうです。誰かに「1」してあげたら、それはもしかしたら「1.5」になって返ってくるかもしれません。そして、たくさんの人に「1」をしてあげればあげるほど、返ってくるものは大きくなります。一人になら1が1.5になって0.5増えるだけですが、それが10人なら5、100人なら50と、関わる人が増えれば増えるほど、返ってくるものもその分大きくなるのです。

経営者ではなく、サラリーマンでもすぐに実践することができます。

たとえば上司に何を求められているのかを考えて、その期待を少しでもいいので上回ることをやってみましょう。期待を超えたことが返ってくると、とてもうれしいものなので、上司はあなたの評価をさらに上げるでしょうし、昇進や昇給の際に口添えをしてくれるかもしれません。

営業担当の方なら、お客様の期待をいい意味で裏切り、求められている以上のことをしてみてください。きっと大喜びしてリピーターになってくれたり、新しいお客様を紹介してくれたりといったことにつながると思います。

3 お金持ちは「なぜそれを買うのか」の理由が明確である

モノを買うときの判断基準、持っていますか？

買い物には、お金との付き合い方のスタンスが色濃く現れます。

「今日は黒のセーターを買おう」と思って出かけたのに、「お店はセール中で全品半額。黒のセーターはもちろんだけど、半分の予算で済んだのだからもう一枚買ってしまおう！」となってしまう人は、とても多いと思います。

ですが、ここが「お金と上手に付き合えるかどうか」の分かれ目といっても過言ではありません。その手にした二枚目は、本当に必要なのか？ということです。

安いから、期間限定だから、お得だから……そういう理由で買い物をしてしまうのは、判断基準が「価格」にフォーカスしているからです。

しかし、本来は、買い物の判断基準は「**必要性**」であるべきではないでしょうか。自分に必要だから買う、定価のままで割引がなくても必要なものを買うことは、決してムダ遣いではありません。店に行くまではほしいと思ってもいなかったものを「安いから」という理由で買ってしまうことこそ、ムダ以外の何物でもありません。その場では飛びついても、あとになると「どうしてこんなものを買ったんだろう」「結局、これ、着ていないな」と後悔することも、一度だけではないはずです。

もちろん、すべての買い物を必要かそうでないかだけで判断しろということではありません。人間には感情がありますから、衝動的に「これ、ほしい！」というものに出会うこともありますし、それを手に入れることで幸せになれるなら買えばいいと思います。

お金持ちは、お金をかける場所・かけない場所がハッキリしている

「実質価値」と「感情価値」という言葉がマーケティング用語にあります。実質価値というのは物理的・機能的な満足度のことで「安くて質のいいもの」のことです。たった数百円で楽しめる日帰り温泉や書き心地抜群の100円の水性ボールペンなどは、実質価値の高いものと言えます。

これに対して「感情価値」というのは、心理的・感性的な満足感を与えるもののことです。たとえばフランス直輸入の一粒500円のチョコレート、ティファニーやブルガリなどのブランド物などがそれに当たります。

決してどちらかがよくてどちらかが悪いというものではありません。大切なのは、実質価値と感情価値とのバランスを上手にとるということです。

お金持ちは、お金の使い方に明確な判断基準があります。

たとえば知人の女性Cさんは、普段の買い物で、「実質価値」を大事にしています。求める機能が備わっているかどうかを、買う基準にしています。

ノートが必要なら、無印良品の１００円のシンプルなものでいい、２５０円のキャラクターものは必要ないという判断です。でも、一事が万事そうではなくて、コーヒーを飲むときは「感情価値」で、「ドトールではなくスターバックス」と決めているのです。一杯のコーヒーの価格は高くなりますが「スターバックスでコーヒーを飲むのが好き」という満足感があるから、それはそれでいいのです。

楽しむ最低ラインを決める

ポイントは、今、どちらの状況にいるのかを自覚できているかどうかです。「今は感情価値を優先しているな」と自覚できているのなら、贅沢を楽しむことは悪いことではありません。ただ、どこまで許容するのかのラインは決めておきましょう。

美味しいものが好きで、食べ歩きが趣味の人なら、たとえば「月３万円まで」、あるいは「月３回まで」と決める。

好きなファッションブランドがあるなら、買うのは誕生日とクリスマスだけ、というように決めておく。つまり、**「自分の欲望は自分自身でコントロールしている」と自信を持って言えることが大切なのです。**

4 お金持ちは夫婦で銀行に行く

お金持ちはお金について、家族同士で話し合う

たとえばお金に関する相談ごとで銀行に行くとき、たいていの人は一人で行動します。「妻にはお金のことはわからないから」あるいは「夫は細かいことは知らないから」などという理由で、一人で行くほうが話が早い、と思ってしまうのです。

ですが、「お金をどんどん増やしていきたい」と思っているのなら、周りをどんどん巻き込んでいくことが欠かせません。夫婦や家族間、あるいは親しい人たちと「お金に対する考え方」をシェアすることが、とても大切なのです。

銀行員時代、銀行が主催する資産運用の相談会やセミナーで、親子や夫婦で一緒に相談に来るお金持ちの方々をたくさん見かけました。お金に関する知識や考え方は、シェアすればするほど、実はとてもうまく回り出すのです。

特に興味深かったのが、お金持ちであればあるほど、夫婦一緒での参加は当たり前で、さらに中学生や高校生ぐらいの自分の子どもを積極的にこういった「お金を学ぶ機会」へ連れてくるということです。

ある資産家の方が、不動産の資産運用セミナーに高校生の娘さんを連れてきたときは、さすがにびっくりしたことを今でも思い出します。

お金というのは、決して自分一人だけに関わることではありません。家族はいわば運命共同体。誰かが上手にお金と付き合えたとしても、家族のうち一人でも大失敗をして大きな借金を抱え込むようなことがあれば、家族全体がその「負」を抱え込むことになってしまいます。

奥さんが毎月コツコツと貯金していても、夫のほうがこっそり競馬に通って毎週のように負け続けているという話を聞いたことがある人も多いと思います。

奥さんのほうが高級品を買い込んで、気がつけば消費者金融からお金を借りて大変な目にあったという大企業の部長さんなどもいます。

そうならないためにも、**お金に対する考え方や付き合い方は、家族全員で共有しておく必要があります**。

「老後はゆっくり夫婦で海外旅行でも楽しみたい」と思っているなら、それを夫婦共通の目標にしておくことが重要です。子どもにいい教育を受けさせたいと思うときも同様です。

お金についての考え方のことを「マネーリテラシー」と言いますが、**せっかくいい考え方に出会って実践しても、継続しないとすぐに元に戻ってしまいます**。一緒に実践してくれる家族がいるといないとでは大違いです。

セミナーに参加したり、お金に関する本を読んだりするのも、できれば家族で一緒に行うことをお勧めします。

最初は消極的な人も、時間や場を共有する中で、よりポジティブな方向に引っ張り上げてもらえます。これが、普段はカヤの外に置いていて、場や時間を共有していない夫婦の場合だと、反対されたときに、ネガティブな方向に引きずられてしまうことが多いのです。納得しないまま片方の意見に従うと、時間が経ったときに不満の温床になってしまうこともあり、非常にリスキーです。

5 お金持ちは一年前から旅行の計画を立てている

時間を制する人は、お金も制する

お金と上手に付き合っている人に共通しているのは、時間とも上手に付き合っているということです。「時は金なり」という言葉もあるように、時間とお金は非常に密接な関係にあります。裏を返せば、**時間とうまく付き合うことができれば、お金ともうまく付き合える**ということになります。

特に時間の場合は、絶対に増やすことができないという特徴があります。ムダに使うことは誰にでもできるのですが、その分を取り返すことは誰にもできないのです。そう考えると、時間は人間に与えられた資源の中で最も大切なものだと言っていいかもしれません。

お金に縁のない人、お金が全然増えない人は、常に時間に追われて、五分先、一時間先の予定に毎日大わらわ。うまく時間配分ができなくて遅刻してしまったり、反対に約束より早く着きすぎて時間を余らせてしまったりしています。間に合わないからとタクシーを使って思わぬ出費がかさみ、早く着きすぎて暇だからと喫茶店に入って飲みたくもないコーヒーを飲んでいる。**時間をうまく使えない人は、結果としてお金も失っていくのです。**

旅行の計画の立て方に、お金の使い方が出る

旅行の計画の立て方にも、時間とうまく付き合えているかどうかが顕著に現れます。たとえば急に思い立って旅行の計画を立てます。立てたはいいけれど、急なことなので、希望していたホテルが取れなくてストレスを感じたり、旅先で楽しみにしていたことが実現できなかったりしてしまいます。

私の友人で、「モナリザが見たい」と言って、突然パリまで出かけたことのあ

る人がいます。しかしその時期、モナリザの絵は別の美術館に出展中で、見られなかったと嘆いていました。そんな話を聞くと「ああ、もったいない」と思ってしまうのです。

時間をうまく使いこなす人は、一年間の旅行計画を先に立てています。

- **年に何回旅行するのか**
- **それぞれ何日必要なのか**
- **その期間休暇をとるためには仕事の予定をどう調整すればいいのか**

これらを前もって決めていれば、ホテルや飛行機のチケットなども落ち着いて予約することができますし、モナリザを見られないといったことも避けることができます。

「忙しすぎて旅行ができない！」とぼやいている人が多いのですが、本当に行きたいなら、優先順位を上げて行くべきです。

くり返しになりますが、**時間は有限です。やりたいことは優先しないと、一生できないままで終わってしまいます。**

6 お金持ちは、毎月の収入と支出を把握している

現状を知れば、未来のあなたが見えてくる

世の中には、自分自身の収入と支出が毎月いくらなのかをわかっていないという人が実に多いことに驚きます。サラリーマンでも、毎月の給与明細をきちんと見たことがないという人も結構多いのです。そんな状況では、お金と上手に付き合うことなど夢のまた夢。うまく付き合えるはずがありません。

お金というのは、流れを持っています。単純には二つで、入ってくる流れ（収入）と出ていく流れ（支出）です。当たり前のことですが、入ってくる以上に使っている限り、お金が増えることはありません。**入ってくる量よりも流れて**

いく量を少なくする努力が必要です。
そのためには、何よりもまず、現状を知らなければなりません。この文章を目にしたのが何かのきっかけだと考えて、すぐにでも行動を始めてください。

最初は収入を確認しましょう。給与の額、それ以外にも収入のある方ならその金額も確認して合計額を出してください。

次が支出です。支出のほうが毎日こまごまと発生するのでめんどうではありますが、これを集計しないことには流れの全貌がつかめません。

支出管理の一番簡単なやり方は、**レシートを捨てない**ということです。そして、財布がレシートでパンパンになる前に、毎晩集計する習慣をつけましょう。

家計簿でもいいですが、普通のノートやメモ帳でも十分です。使った金額と何に使ったのかを書き留めてみることがまずは第一歩です。

最初はざっくりと、「飲食代1300円、その他800円」といった形でも大丈夫です。それさえも手間に感じるようなら、最初はレシートを貼るだけでもOKです。

ぜひ、一ヶ月続けてみてください。収支はどうなりましたか？　その数字を確認して翌月も同様に記録しましょう。赤字にならないように、少しでも流れの中にお金が残るように行動していくことを続けてください。半年経ったら、そのまとめをつくります。まとめのつくり方は次の項で説明します。

7 お金持ちは自分の資産と負債を把握している

〝じぶん株式会社〟の収支を作成してみる

ここでは、いわゆる貸借対照表（B／S）と損益計算書（P／L）を個人でもつくりましょうという話をします。貸借対照表とは、企業のある一定時点における「資産」、「負債」、「純資産」の状態を表す資料のことです。いわばあなたの持つ資産や負債、純資産を明らかにするものです。

一方、損益計算書とは、企業のある一定期間における「収益」と「費用」の状態を表す資料のことです。ここでは、あなたの利益と出費ということになります。

両方作成することによって、**自分自身の資産と負債、収益と費用を把握するのが目的です**。お金と上手に付き合っている人なら誰もがやっていることです。

前項で毎月のお金の流れを記録することを勧めました。その記録を使って作成します。

たとえば次ページの図1のように、B／Sを作成すると、純資産が多いか少ないかが明確になります。お金の不安を解消するためには、この純資産を増やしていくことが大切なのです。

そこでまずは、しっかり現在の状況を把握したうえで、増やすための行動を見直していく必要があります。

図１　損益計算書と貸借対照表

❶損益計算書の例

	収入	（単位：円）
	1月	2月
収入（手取り）	250,000	250,000
副収入	30,000	25,000
収入合計	280,000	275,000
	支出	
住居費	75,000	75,000
通信費	11,000	11,000
保険	11,000	11,000
食費	47,000	40,000
生活費	15,000	16,800
光熱費	15,000	16,000
交際・レジャー	30,000	30,000
貯蓄・投資	50,000	50,000
支出合計	254,000	249,800
余剰金	26,000	25,200

固定費（理想は 40%）	112,000（40%）	113,000（41%）
貯蓄（10%）	50,000（18%）	50,000（18%）
生活費・趣味の出費（50%）	92,000（33%）	86,800（32%）
余剰金（10%）	26,000（9%）	25,200（9%）

❷貸借対照表の例

資産	（単位：円）
貯金	800,000
定期預金	1,000,000
社内預金	60,0000
株式	200,000
投資信託	0
終身保険	1,000,000
不動産（自宅）	28,000,000
自動車	0
資産合計（a）	31,600,000

負債	（単位：円）
住宅ローン	28,000,000
自動車ローン	0
カード未払金	0
負債合計（b）	28,000,000

純資産　（単位：円）
(a)－(b)＝3,600,000

8 お金持ちは余裕資金を〝将来のため〟に投資している

無理のない金額から始める、「はじめての投資」

毎月のお金の流れが確認できて、現在の資産状況も把握できたら、今度は将来をよりよくするためのお金をつくり出していきます。この、「将来をよりよくするためのお金」というのが、いわゆる「投資」ということになります。

投資に必要なお金は、決して臨時収入をあてにしてはいけません。**毎月のお金の流れから確実に確保することがとても重要なことなのです。**

というのは、投資というのは、長期的な行動を必要とするからです。「勝負だ！」と、バーンと札束をたたきつける賭けごととはまったく異なります。

ですから、サラリーマンの方ならボーナスからではなく、毎月の給与から投資のための資金をなんとかつくり出してください。目安としては**収入の10％くらい**と考えるといいでしょう。月給（手取り）が25万円の人なら、２万５千円を毎月定額で投資資金に回します。決して無理をしてはいけません。いろいろ出費が多く、10％も難しいという人は、５％の金額でもいいので、無理なく続けられる金額で始めてください。

投資に回すと決めたお金は、「よりよい将来のために使うんだ」と、強く心に誓ってください。**将来のためにお金を使えない人に、今よりいい将来がやってくるはずはありません**。

投資というのは、今あるお金を何か別のものに変えて、それが成長することで将来的に大きくなって返ってくることを期待するということです。もちろん、期待通りにいかなくて失ってしまう可能性もあります。それは覚悟しておいてください。無理のない金額を、といったのはこのためでもあります。余裕資金なら、たとえ失ってしまったとしても、日常生活に支障は出ないはずです。

投資の対象は二つあります。

一つ目は、自分自身への投資です。これが最も効率のいい投資方法とも言えます。習い事や勉強、本やセミナー、通信講座などはもちろん、旅行をして見聞を広めたり、普段出会えない人に会いに行ったりすることも、自分を高めることにつながると思います。そして、自分の器を大きくしてください。器が大きくなれば、その分、たくさんのものを受け入れることができます。お金もその一つです。**器の小さい人には所詮、小さなお金しか入らないものなのです。**

もう一つは、モノへの投資です。具体的な投資対象については第2章で詳しく説明します。投資をうまくやる人のマインドについても、第3章でお話しします。

9
優秀なのにお金を使いこなせない残念な人たち

お金に対する考え方を変えない人の末路

ここで、日本人のマネーリテラシーについて考えてみます。日本人は、お金についての教育を受けたことのない人がほとんどです。ところが海外に目を向けてみると、アメリカのある小学校では株式投資の授業があり、どの株にどれだけ投資したらいいか、自分でその組み合わせを考える授業があるそうです（組み合わせを考えることをポートフォリオと言います）。形式だけを習うのではなく、生徒一人ひとりに、実際に自分の応援したい企業はどこか、なぜこの銘柄を選んだのかなどの理由もきちんと発表させるのです。さらにおもしろいことに、その授業中にある小学生の作ったポートフォーリオが、プロの運用する実際のポートフォーリオよりもいい成績を上げたと話題になったこともあるほどです。

ひるがえって日本では、株をやる人が増えたとは言っても、そのほとんどがＩＰＯ、つまり新規公開株狙いです。上場したばかりの注目株にわーっと殺到し、「得した」「損した」と騒いでいるだけでは、株式投資をやっているとは言えません。

そもそも日本人の多くは親の「お金に対する考え方」をそのまま受け継いでいます。素直に受け継ぐか、反面教師にしてまったく別の考え方をするかという違いはありますが、どちらにしても親の影響から抜け出せないということです。

職業観もこれに似たところがあります。自営業の親を持つ子どもは自営業になっているパターンが多いのではないでしょうか。サラリーマン家庭の子どもはやはりサラリーマンに。医者の子は医者、教師の子は教師。まさに「かえるの子はかえる」なのです。

投資は道具。使いこなせないと意味がない

銀行員時代に、ある若い医者と話していて驚いたことがあります。その方は親も医者で、子どもの頃から医者を志し、努力の結果、夢を叶えたという非常に優秀な方です。医者になれるくらいですから知能レベルは大変高い方なのですが、残念ながらマネーリテラシーは低く、高い年収を稼いでいるにもかかわらず、お金に対する不安や不満を抱えて生きているというのです。「せっかく医者になったのに、こんなに貧しい暮らしとは思わなかった」と愚痴をこぼしていました。

こんな人もいます。親が代々の資産家で、子どもの頃は近所でも有名な大豪邸に住み、お金の不自由を何一つ感じることなく大人になりました。他人から見たらなんてうらやましい、と思うような境遇です。ですが本人は「お金持ちの子どもだ、とずっといじめられてきた。お金なんてあっても、全然幸せじゃなかった」と、いじめられ続けたことがトラウマになっていて、今も人とのコ

ミュニケーションに自信が持てないと言います。

このような人に会って話を聞くにつけ、もったいないと思います。お金というのは人を幸せにするための一つの優秀な道具なのに、それを上手に使いこなせていないのは、不幸なことです。まだまだ投資で稼ぐことは悪だ、と考えている人も多いのです。汗をかかずに稼ぐなんて「濡れ手に粟」的な稼ぎ方だと揶揄《やゆ》する人もいます。そういう考え方をしているうちは、お金を生み出す機会が増えることはありません。

私はそういう不幸な人たちを一人でも多く救いたいと思っています。しかし、根本の問題を解決するためには、やはり一人ひとりのマネーリテラシーを高めることしか方法はありません。

10

稼ぎ方の分散のススメ

お金を生む手段は複数あったほうがいい

投資の世界には「分散投資」という言葉があります。これは、ある投資だけに資金を集中させた場合、うまくいっている間はいいのですが、そうでなくなったときにすべてを失ってしまうリスクを回避するための重要な考え方です。

よく言われるたとえ話で言うと、「**一つのかごにすべての卵を盛るな**」ということです。そのかごが落ちたら、すべての卵が割れてしまいます。投資によって増えたお金を守るという観点からの「分散」という考え方は、昔からずっと伝えられてきました。

今の時代は、それに加え、「**稼ぎ方の分散**」についても真剣に考えておくべきです。お金を生み出す手段（キャッシュポイント）を複数持つということです。サラリーマンでありながら投資で収入を得る、主婦として夫からの家計を預かりながら投資でも稼ぐ、といった感じです。

このとき大事なのは、**副業のほうは、肉体的労働を伴わないものにする**ということです。昼間は会社で事務として働き、夜は近所のファミリーレストランで働くというのは、ここで目指している「分散」ではありません。

なぜならば、人間の一日で使える時間は、お金持ちであろうと、貧乏人であろうと平等に24時間しかないからです。その24時間の中には仕事以外の時間、すなわち睡眠時間や食事の時間、休息する時間も必要なはずです。そういった時間を犠牲にして肉体労働の時間を増やしたとしても、体は疲労し、ストレスは溜まって、健康を害するだけです。一方、お金は「時間×時給単価」しか手に入らないので、おのずと上限金額が決まってしまいます。これは一番効率の悪いお金の稼ぎ方です。

それならば、昼間いる会社で頭と体をフル回転して本業の「時給単価」を上げる努力をするか、夜の時間を自己投資に充てて、自分が動かずにお金が生まれる仕組みを考えたりするほうが、よっぽど生産性が高いといえます。

時代が変われば、お金の考え方も変わる

かつての日本は、右肩上がりに経済成長しており、ビジネスだけをやっていればいい時代がありました。上りのエスカレーターに乗っているわけですから、知らないうちにどんどんステージが上がって行き、老後を迎える頃にはマイホームと豊かな老後資金が手元に残っているという幸せな時代でした。

ところが今は、全員が下りのエスカレーターに乗らされているという状況です。何もしなければ落ちていくしかありません。このような時代を幸せに生き抜くためには、**お金についての考え方も新しいものにチェンジすることが不可欠なのです。**

第1章まとめ

① お金持ちの「モノ」ではなく「あり方」や「考え方」を真似しよう
② お金を増やしたいなら、まず自分の周りの人を喜ばせよう
③ モノを買うときは、自分なりの「判断基準」を持とう
④ お金に対する考え方や付き合い方は、家族全員で共有しよう
⑤ お金と上手に付き合いたければ、先々の予定をどんどん立てよう
⑥ 毎晩レシートを見て、その日使った金額を確認しよう
⑦ 資産と負債、収益と費用を把握して、純資産を割り出そう
⑧ 月収の5～10％は「将来のためのお金」と決めて投資に回そう
⑨ 投資はお金を稼ぐ道具。使いこなして世界を広げよう
⑩ 稼ぐ手段は複数持ち、一つを失っても動じない体制をつくろう

第2章

銀行員だけが知っている資産運用のウラとオモテ

1

銀行員から見た「定期預金」

投資とギャンブルは違う

投資の世界には一つの大鉄則があります。それは「**リスクとリターンは必ず比例する**」ということです。リスクがほとんどないものはリターンもほとんど得られません。逆に言うと、**リターンを大きく得ようと願うなら、同等のリスクを負わなければならないということです**。すべての投資に通じることなので、このことはしっかり頭に入れておいてください。

投資とギャンブルは違います。たとえばギャンブルの場合、宝くじがその代表的なものです。多くの人は、「1枚300円」が「3億円」に大化けすることを願って宝くじを購入します。しかも、「ここが当たる！」と言われる販売所に並ぶことも厭いません。もし当たれば負担は少なく、リターンは大きいわけですが、これは「当たるか当たらないか」という、自分の力では何のコントロールもできないことに結果を委ねることしかできない「賭けごと」の一種なのです。

この感覚を投資に持ち込んではいけません。

賭けごとと投資はまったく別物です。

多くの人が陥りがちなのが、リスクの存在をきちんと正確に理解できないままに「得をした！」「損をした！」と、その結果に一喜一憂して冷静な判断力を失ってしまうことです。

リターンもリスクの一部!?

ここで少し基本的な話をしましょう。一般的には「リターン」と「リスク」と対になる言葉として使うことが多く、それぞれプラスとマイナスを意味する言葉として使われています。しかし正確に言うと、リターンもリスクの一部なのです。つまり、投資状況を示す針が「プラス方向に振れる」のも「マイナス方向に振れる」のも、どちらも「リスクである」という意味です。その上下の変化率のことを「リスク」と言うのです。正確に言うなら、プラス方向のリスクを「リターン」、マイナス方向のリスクを「ロス」と呼ぶのが正しい表現です。そしてリスクの針は、上に振れるのと同じだけ下にも触れる可能性があり、逆もまたしかりなのです。

この原則を理解していれば、いわゆるローリスク・ハイリターンの投資など存在しないことがわかるはずです。一見そう見えたとしても、必ずそこには「隠れたリスク」が存在しています。くり返すようですが、**投資の世界では「リスクとリターンは必ず比例する」のです**。

先ほどの宝くじの例で言うと、「300円で3億円が当たるかもしれない」となると、かなりのローリスク・ハイリターンで魅力的に思えますが、そうではありません。実際、宝くじというのは、販売者である胴元が、売り上げに対して54%を利益として確保しています。これは見方を変えると、**確率的には100人のうち54人が宝くじを買った瞬間に、無条件に支払ったお金の全額を取ら**

れてしまっている（その瞬間に勝負に負けている）ということになります。これが宝くじの〝隠れたリスク〟というわけです。

手間いらず&元本が保証されている「定額預金」

リスクとリターンが比例することがわかったうえで、代表的な資産の運用方法を順に見ていきましょう。まずは社会人になって銀行に口座を開くと必ず勧められる「定期預金」について考えてみます。

定期預金という運用方法の最大の特徴は、**元本が保証されていること**です。預けた金額が、額面上において減額することはありません。100万円預けたら、満期時には必ず100万円＋運用益（利息）が返ってきます。しかも、手間はほとんどかかりません。最初の手続きだけで、あとは満期が来るまで放っておけばいいのです。

ここまで聞いて、「なるほど」と思われたと思います。そうです。定期預金にはほとんどリスクと呼べそうな要素はありません。つまり、**リターンもほとん**

どないということです。

定期預金の金利は、メガバンクでだいたい0．025％程度、ネットバンクでも0．2％程度です。金利を考えるにあたっては「72の法則」を紹介しましょう。これは、72を金利の数字で割って出た答えが、預けた金額が倍になるまでの年数というものです。

これを当てはめてみると、手持ち資金を2倍にするには、メガバンクの0．025という数字では2880年、ネットバンクの0．2という数字でも360年かかってしまいます。生きているうちには無理ということです。

といっても、私は定期預金を頭から否定するつもりはありません。ここで大事なことは、「**定期預金の目的**」です。**定期預金によって、あなたは何を得ようとしているのか**ということです。もしもあなたの目的が「お金を増やす」ことにあるなら、定期預金では難しいでしょう。そうではなくて、「お金を安全にストックしておくこと」であるなら、定期預金も手段の一つとしてふさわしいものだと思います。

ただし、最初のほうに私はこう書きました。定期預金は「預けた金額が、額、面上において減額することはありません」と。この「額面上において」ということの意味を説明します。

貯金が危険な理由とは？

一般的に物価というのは、通常上がっていくものです。言い換えるとそれは、イコール「お金の価値が目減りしていく」という意味です。

現在の１００万円の価値と10年後の１００万円の価値は同じではありません。

今１００万円あれば買えるもの、できることが、10年後には同じ金額ではできなくなっているということです。

たとえば、30年前と現在のモノの価格をいくつか比較してみましょう。

この30年で、鉛筆一本は30円から80円へ２．７倍に、一杯分のコーヒーは３００円から４４０円へ、１．５倍くらいに上がっています。価格が比較的安定している商品や、企業努力などによって安くなったものももちろんありますが、基本的にモノの価値というのは時間とともに上昇していきます。

これは裏返せば、**現金が、額面的には同じ金額でも、時の経過とともに実質的な価値が下がってしまう**ということです。

日本国内においては、これまではデフレ（モノの価値が下がること）が進んでいたこともあり、インフレ、つまり物価が上がる感覚が薄れてしまっています。一方、世界経済はインフレの傾向が続いています。同じことが日本では起こらないという前提は危険です。

１９８０年後半のバブルの頃には、定期預金の金利が７％という、今から思うと夢のような時代もありました。１００万円を預けると1年で１０７万円に増えていたということです。現在ではそんなことは望むべくもありません。

さらに、もう一つ気になる点があります。現代において、金融の世界はグローバルにつながっているということです。日本国内の状況だけで金融を語ることはできません。「円」の価値もアメリカ、ヨーロッパ、中国など海外のマーケットに大きく左右されています。**日本の通貨である「円」だけで資産を保有して**

いること自体が一つのリスクだと言っても過言ではありません。

実際、最近はどんどん「円安」が進んでいます。円安というのは、円の価値が低くなっている状態のことで、一円で交換できる他の通貨の数が極端に少なくなる状態のことです。日本経済は世界の中で衰え始めています。そのためかつては世界の基軸通貨の一つとして強かった「円」が、今や弱い通貨になってしまっているのです。

わかりやすく言うと、1万円札の価値が、世界経済の動きと連動して日に日に変わっているということです。**海外のネットショップでは一万円で買えたものが、今日は同じ金額では買えない、という状況が常に起こっているのです。**

円安が進んで株高になって喜んでいる人も多いのですが、単純に喜んでいる場合ではありません。

株高にしても、円が安いから、海外の投資家が日本株を大量に買いに来ていることがその大きな原因の一つなので、日本国内での実需にはあまり好影響はないと思われます。儲けているのは海外の投資家だけというわけです。

つまり、**現金（＝日本の円）を貯金しているだけ、という人は「インフレ」**

と「円安」の影響を受けるので、ダブルで損をする危険があるということです。

まとまった資金があり、将来的にお金を増やしたいと考えているのに貯金しているだけの人はもったいないと思います。思い切って言ってしまうと、**貯金を続けるだけでは、間違いなく将来的に損をしてしまうことになるでしょう。**

くり返しになりますが、今の日本は、かつての高度成長期の日本とはまったく違っています。高度成長期というのは、日本全体が、そして国民全体が「上りのエスカレーター」に乗っていた状況だったのです。

ただ立っているだけで、自然にどんどん上っていけた。勤めている会社がどんどん成長し、それに伴い給料も上がり、自分自身も時間に伴って出世し、そろそろマイホームを、という頃には株価も上がっていて、それを売れば頭金になった。いわゆる団塊の世代の人たちはこのような経験をしてきたはずです。

しかし今、私たちが乗っているのは「下りのエスカレーター」です。図2のように、何もしない限り、下がっていくばかりです。現状に留まることさえできません。リターンはなくてもいいから、リスクもとりたくない、という考え方自体が、現代ではリスクだと言えるかもしれません。せっかくコツコツとお

図2　平均年収とGDPの推移

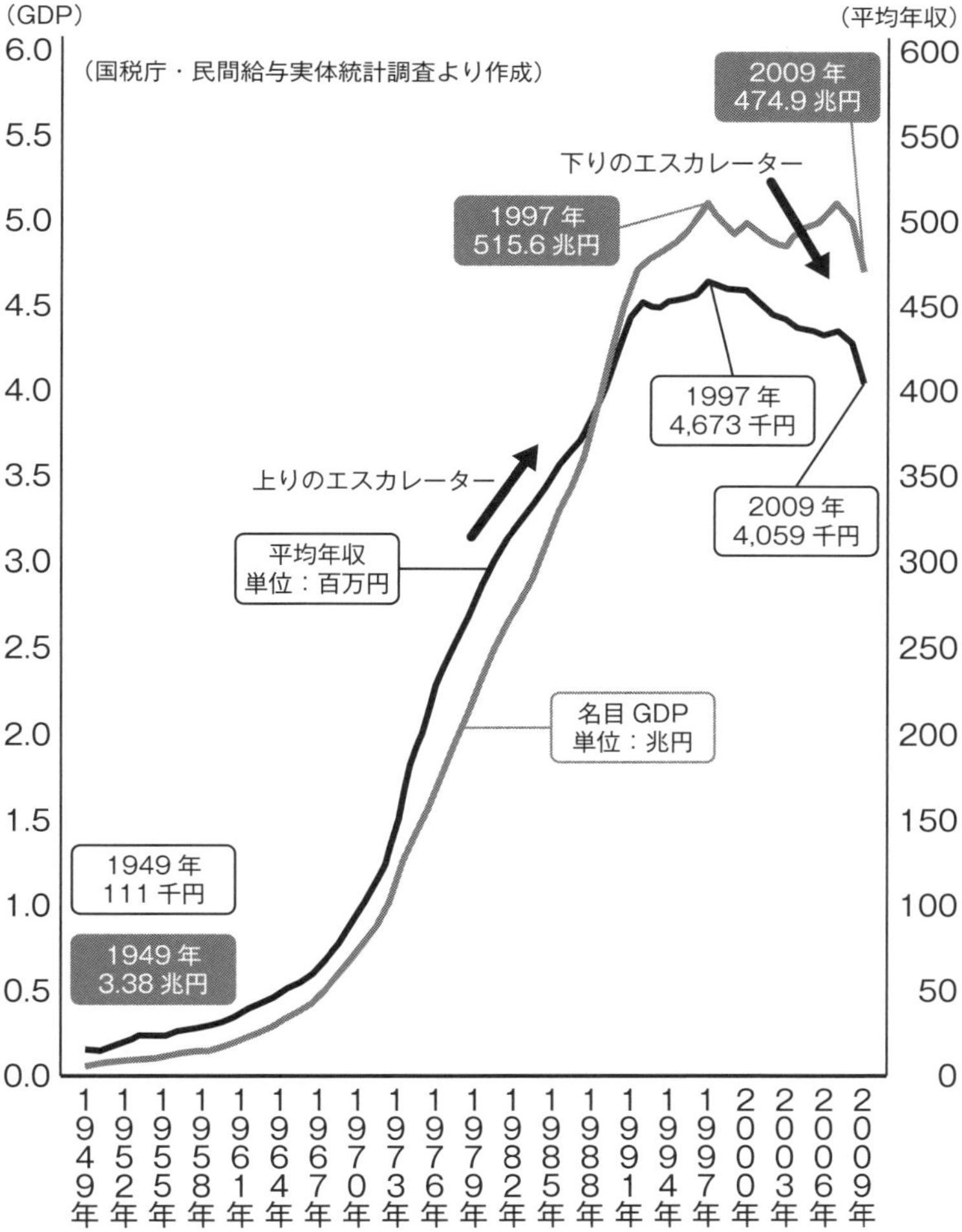

金を貯めても、**貯めるスピードが、エスカレーターが下がるスピードに勝てない限り、持っている資産の価値は目減りしていってしまうのです。**

脅かすようなことばかり言ってしまいましたが、定期預金にはもちろんメリットもあります。それは**流動性が高い**ということです。現金での預金なので、生活に必要な資金をいつでも引き出すことができます。大きな財布、金庫代わりとして利用すると割り切るなら、安全で使い勝手のいいものです。「もうこれ以上増やす必要はない」「後はこれまでに貯蓄した資金を使うだけ」という人たちにはお勧めです。年齢で言うと、60歳以上で充分に老後資金のある方でしょうか。逆に言うと、そういう人たち以外には、定期預金での運用はお勧めできません。

【定期預金】

メリット

□元本が保証される

□流動性が高いので、必要なときにすぐ換金できる

デメリット

□金利が非常に低いので、お金はほとんど増えない

□インフレや円安の影響により価値が目減りする

2

銀行員から見た「保険」

保険には「掛け捨て」と「貯蓄型」がある

保険が運用商品だと聞いて驚く人も多いかもしれません。しかし、毎月ある程度の金額を積み立て、将来のリターンを得るという、れっきとした資産運用の一つです。

保険商品には二種類あります。一つは「保障」、つまり働けないような大けがをしたときや大病を患ったりしたとき、そして命を失ってしまったときにその分の損失を補てんするためのものです。これはほとんどが「**掛け捨て**」と呼ばれるものです。掛け捨てというのは、支払ったお金が戻ってこないタイプの保険のことを指します。

もう一つは「**貯蓄型**」と呼ばれるもので、積み立てたお金が将来のどこかの時点で返ってくるというものです。多くの人が、この二つを組み合わせた保険に入っているのではないでしょうか。


利率は一般的に、銀行の預金より保険のほうが高く設定されています。

たとえばメガバンクと呼ばれるような都市銀行の預金金利は0.025%程度、ネットバンクでも0.2%程度が相場です。

一方、大手保険会社の終身保険を見てみると、30年間預けた後の返戻金《へんれいきん》は、利率で言うと15%〜20%ということになり、利率15%を30年で割ると、単純計算で年利は0.5%です。

銀行預金に比べて保険の利率が高いのは、**保険の場合は長期運用が前提となっているからです**。前述の計算例も、30年という期間預けておくことが前提となっています。預ける側が時間のリスクを取っている分、リターンも大きくなるというわけです。この銀行と保険会社の違いは、知識として覚えておくといいかもしれません。

銀行は、基本的には「いつでも預金者が引き出し可能な預金」を運用しています。今日1億円預けられたとしても、明日、その1億円が引き出されてしまうかもしれないのが銀行預金です。そのような状況の中では、短期の運用しかできません。**預ける側にとっては時間のリスクを負わなくてもいい分、リターンである金利も低いという仕組み**です。

一方、**保険会社は、長期の預かりを前提に契約を行います**。

たとえば25歳の人が加入して60歳が満期だとしたら、少なくとも35年間は、預けたお金を勝手には引き出せないルールになっています。途中で解約する場合には中途解約金を支払う必要があります。

保険会社は、預かったお金の5割を長期国債で運用し、残りの5割をリスクの高い運用に回します。長期国債は、国が発行する国債のうち、元本を償還するまでの期間が10年のものを指します。国債の発行残高で一番多く、また流動性も非常に高いのが特色です。そのため、万が一のことがあっても、つまり日本という国が破たんするということがない限りは必ず換金できる、最もリスクの低い安全安心な運用だと言えます。そして残りの5割をリスクの高い運用に回します。国内外株式、海外債券、不動産などです。中心街にあるビルは、実は生命保険会社がオーナーであることが多いのです。駅前にドーンと建っている大きな立派なビルに「○○生命保険ビル」などという名称看板がついているのを見たことのある人も多いと思います。保険会社が長期運用の対象として不動産を好んで購入しているというのは、資産運用の手段として不動産投資が優れていることの一つの証明とも言えるでしょう。

私が貯蓄型保険をお勧めしない理由

保険のことに話を戻すと、これまで保険商品に関しては「貯蓄型」が好まれてきたようです。掛け捨てではなく、将来戻ってくるので、貯金代わりにもなるからお得と感じる人が多いからでしょう。

しかし私は、貯蓄型保険はあまり必要がないように感じます。代表的な貯蓄型の商品として「学資保険」がありますが、教育資金のためのお金を安心・安全にとっておくというのであれば、単に定期預金でいいと思いますし、そのお金をもっと増やしたいのであれば、元本を保証しない、投資商品による運用が必要になるのではないでしょうか。

学資保険は、子どもが生まれたら入るべきものだと思い込んでいる人も多いのですが、「そもそもの目的は何なのか?」「その目的に学資保険の内容はふさわしいのか?」ということについて、しっかり検討することが大切だと思います。

学資保険で預けたお金が大幅に増えることはありません。いくつかの商品を調べましたが、返戻金の割合が高いところでも110%程度、20年の積み立て商品の場合だと年利0.5%と、意外に低金利です。これは、日本という国の成長性があまり見込めない現在では、定期預金と同様に長期運用のメリットがなくなりつつあるからです。

さらに、保険商品の価格にはコストが含まれています。他の業種と比較してかなり高給だと言われる保険会社に勤務する人たちの人件費、駅前など一等地に拠点を構えるための賃料、立派な契約書やノベルティにかかる費用など、す

図3　保険の種類

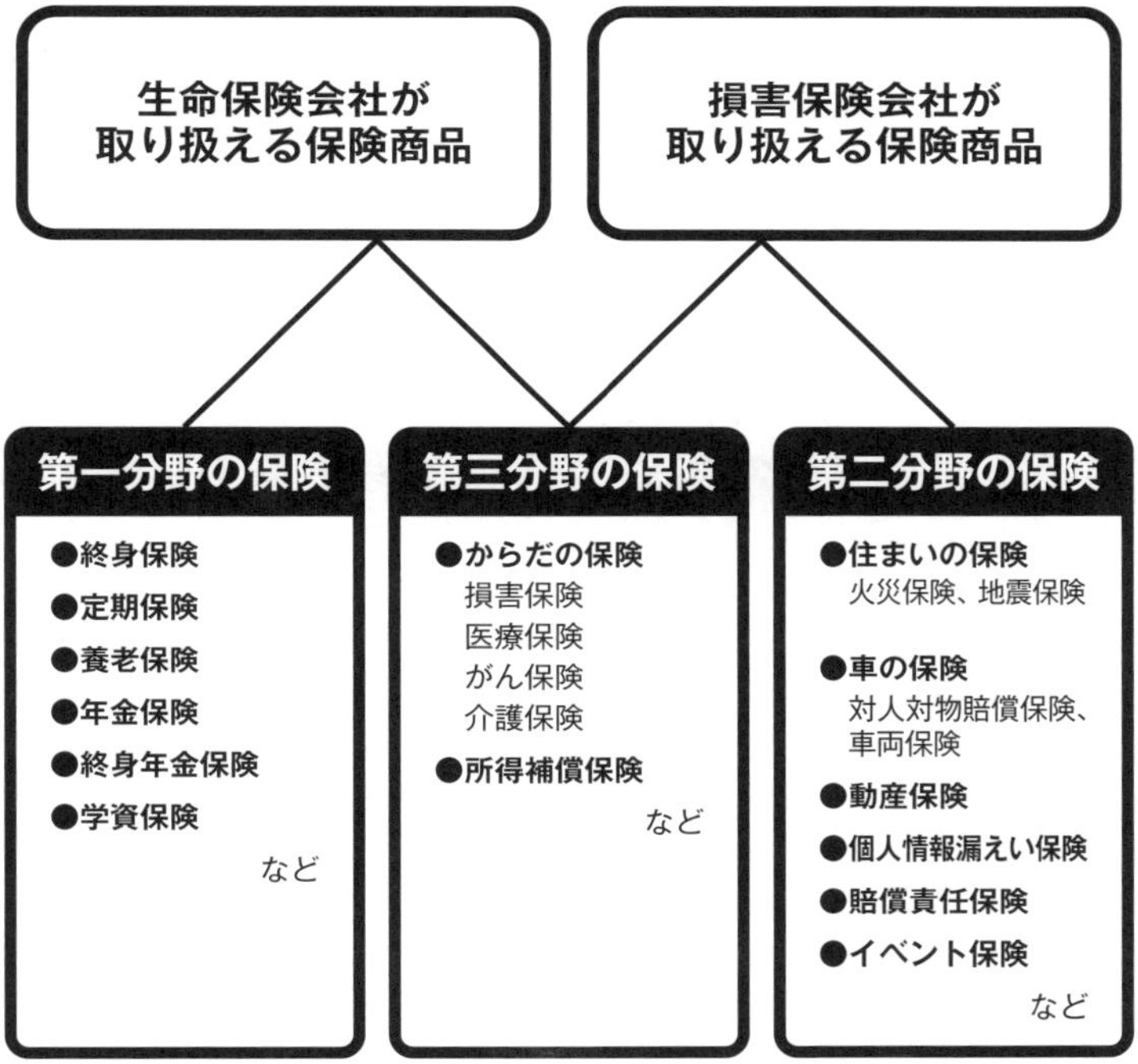
生命保険会社が
取り扱える保険商品
損害保険会社が
取り扱える保険商品
第一分野の保険
●終身保険
●定期保険
●養老保険
●年金保険
●終身年金保険
●学資保険
など
第三分野の保険
●からだの保険
損害保険
医療保険
がん保険
介護保険
●所得補償保険
など
第二分野の保険
●住まいの保険
火災保険、地震保険
●車の保険
対人対物賠償保険、
車両保険
●動産保険
●個人情報漏えい保険
●賠償責任保険
●イベント保険
など

べてが商品価格に反映されているのです。リターンが大きかった時代であれば、これらのコストも吸収できたと思いますが、リターンが少なくなった今も変わらずコストがかかっているとしたら、そのマイナス分を被るのは常に私たち加入者側ということになります。しかも、途中解約時にはペナルティとして解約手数料も発生します。そういった意味では、貯蓄型保険はお勧めしません。

ただし、掛け捨ての保険は、守るべきご家族がいるのなら入っておいたほうがいいでしょう。掛け金は戻ってきませんが、その分支払い額も低く設定されているはずです。

掛け捨て保険の選び方のコツ

掛け捨て保険の選び方のコツは、たった一つです。

それは**「いつ、どのくらいお金が必要か」を自分自身のライフプランの中で決定し、それに一番適した保険を選ぶことです**。多額のお金が最も必要になるのはどんなときでしょうか？　それは、一家の大黒柱となる人が若くして死んでしまったときです。残された家族が将来にわたって路頭に迷わないようにするために、大金が必要になるのではないでしょうか。

反対に、順調に勤め上げて歳をとり、貯金もある程度できたときに1億円もらっても、それほどの必要性は感じません。それなのに、なぜか多くの人が「だんだん保障額が上がっていく」タイプの保険を選んでしまうのです。

保険会社のセールスレディが「これが一番のお勧めです」と言われて加入する人が多いのがその理由ですが、営業レディの言う「お勧め」とは、自分たちの会社にとってのお勧めであって、決してお客さま目線ではないことも多いのです。保険というのは「万が一の事態のためにある」という基本に立ち返って、自分自身に本当に必要な内容のものを選ぶようにしてください。

ちなみに銀行員時代、同僚の多くは県民共済のような「共済」の保険に加入していました。大手生命保険会社の商品に比べて手数料も安価で掛け捨て、保障額が理想とする三角タイプのものです。銀行員はコスト構造など金融業界のからくりを熟知しているので「**払うべきでないものは払わない**」という筋を常に通しているのです。

お勧めの「三角型の保険」とは?

私が実際加入している掛け捨て保険でお勧めなのは、**「三角型の保険」**です。三角型の保険とは、図4の下の図のように、保険期間の経過に伴って保障額が小さくなる三角の保険のことです。

保険は独身の間は入る必要はありませんし、結婚してから検討するので十分です。子どもが生まれたらその子にかかる学費や生活費などを考えながら、どんなときに「万が一の保障」が「どのくらい必要か」を考えます。ピーク時を決めたら、そこから年齢を重ねるごとに、保障額は減っていくはずです。無事に定年まで生きていられたら、万が一の保障は必要ないでしょう。そうすると、支払い額のトータルは、2分の1から3分の1くらいになるはずです。保険料として支払わずに済んだお金を別の投資や貯蓄に回すことができます。

ただこのような三角型の保険は、**こちらから注文しないと紹介してもらえません**。なぜなら保険のセールスマン・セールスレディは、ほとんどの場合が歩合制の給料で、顧客の総支払額に対して一定の割合をかけた額が彼らの給料と

図4　三角型の保険

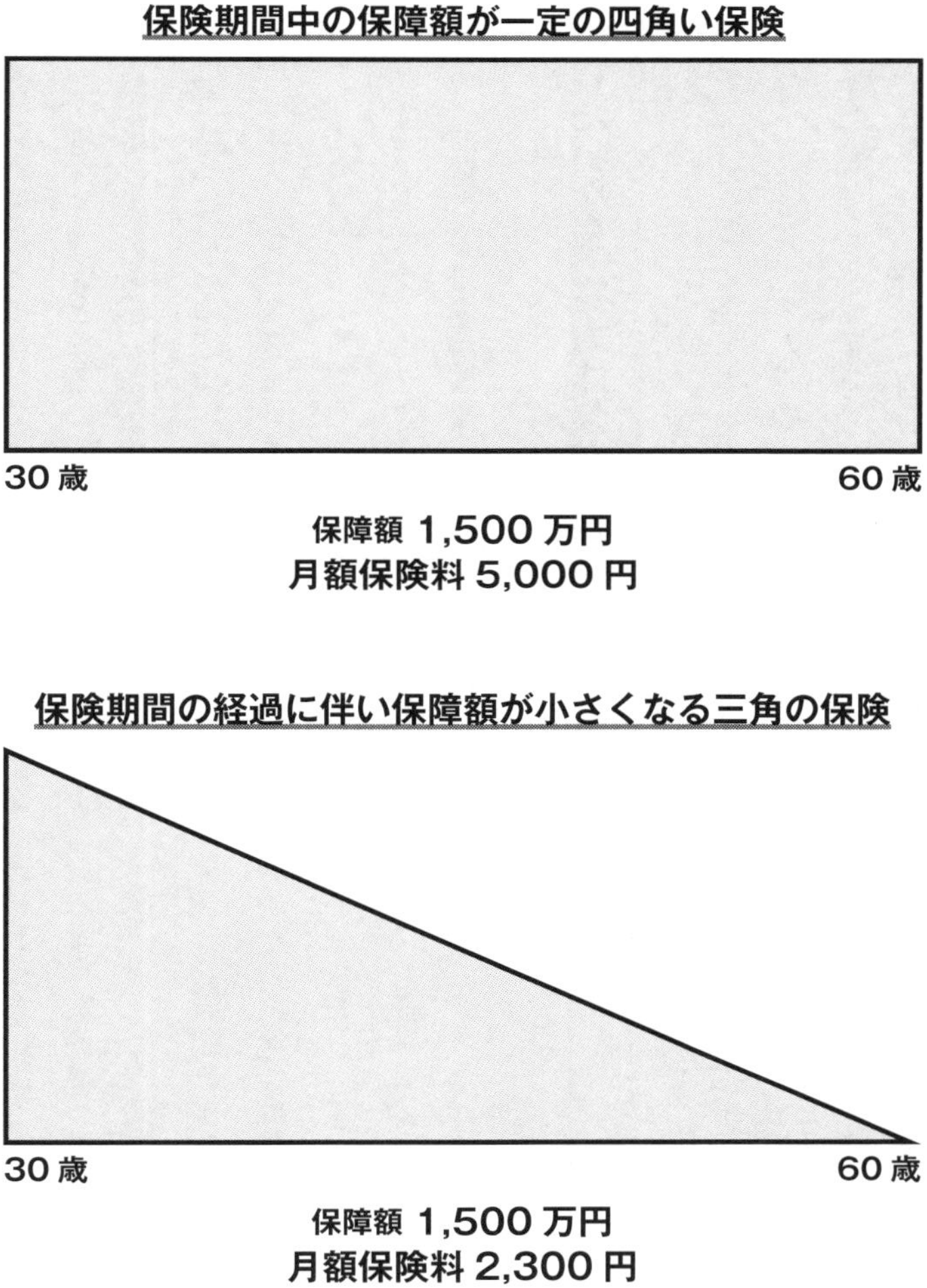
保険期間中の保障額が一定の四角い保険
30歳
60歳
保障額 1,500万円
月額保険料 5,000円
保険期間の経過に伴い保障額が小さくなる三角の保険
30歳
60歳
保障額 1,500万円
月額保険料 2,300円

して支払われることになっているからです。支払い額が多ければ多いほど自分にとってはメリットとなるので、総支払額が3分の1になるような商品を進んで紹介してくれるはずはないのです。

最近では「ほけんの窓口」などに代表されるような、チェーン展開をする保険代理店が力をつけてきています。たくさんの保険商品の中から最適な商品を紹介してもらえるということで、一見、私たちにとってこれまでに比べてメリットがありそうな気もしますが、これも結局は代理店が儲ける仕組みになっています。消費者の立場が最優先されているわけではありません。

得したいなら、努力は欠かせない

こんなことを書き連ねていますが、私は保険会社や代理店を非難しているわけではありません。それぞれ、プロとして仕事をしているわけですから、ビジネスとして自分たちが儲かるような仕組みを考えるのは当然のことです。むしろ、私が言いたいのは、**「自分が得をしたい」と思ったら、それなりの努力を払**

わなければならないということです。保険の仕組みやからくりなどは、少し調べれば誰でもわかることです。それさえしないで「損をしたくない」というのは、あまりにもムシがよすぎるのではないでしょうか。

三角型の保険のことが気になった方は、インターネットでも情報を得ることができるので調べてみてください。調べるポイントは、**「月々の支払額」「保障額はいくらか」「いつ支払われるのか」**の三つです。そしてそれらが自分自身のライフ設計に適応しているかどうかを考えてみてください。

【保険】

メリット

□死亡や病気の場合の保障となってくれる

デメリット

□大手になればなるほど、手数料は割高になる

□貯蓄型保険は、途中解約をすると元金が保証されない場合がある

□長期間、お金を運用しなければならない

3 銀行員から見た「投資信託」

運用はプロ任せ！　知識がなくてもできる投資

投資信託とは、**運用の専門家が投資家から集めたお金を一つの大きな資金（ファンド）としてまとめ、株式や債券などに投資をして運用する商品のこと**です。

投資信託という仕組み自体は、基本的にはよくできていると思います。というのは、投資する側は、運用に関する一切のことを専門家に任せることができるので、知識や経験がない人や投資金額が少額の人でも始めることができるからです。

投資信託の中には、毎月一定額で積み立てができる「積立投資信託」という方法があります。この積立投資信託は「ドルコスト平均法」という運用方法が使えます。しっかり理解するために、ここで説明しておきましょう。

ドルコスト平均法って何？

ドルコスト平均法は、株式や投資信託をはじめとする金融商品の投資手法の一つで、またの名を「定額購入法」と言います。最初にドカンと資金を投入して一気に購入するのではなく、図5のように、**分割した均等額で、定期的に投資し続けていきます**。

投資に使いたいお金が100万円あったとしたら、最初に100万円で購入するのではなく、10ヶ月かけて10万円ずつ購入したり、5万円ずつを20ヶ月かけて購入するというように、一定期間の間、常に均等額で投資していくというやり方です。

この手法のメリットは、**高値のときに買う「高値づかみ」のリスクを回避で**

図5　ドルコスト平均法

ドルコスト平均法の考え方

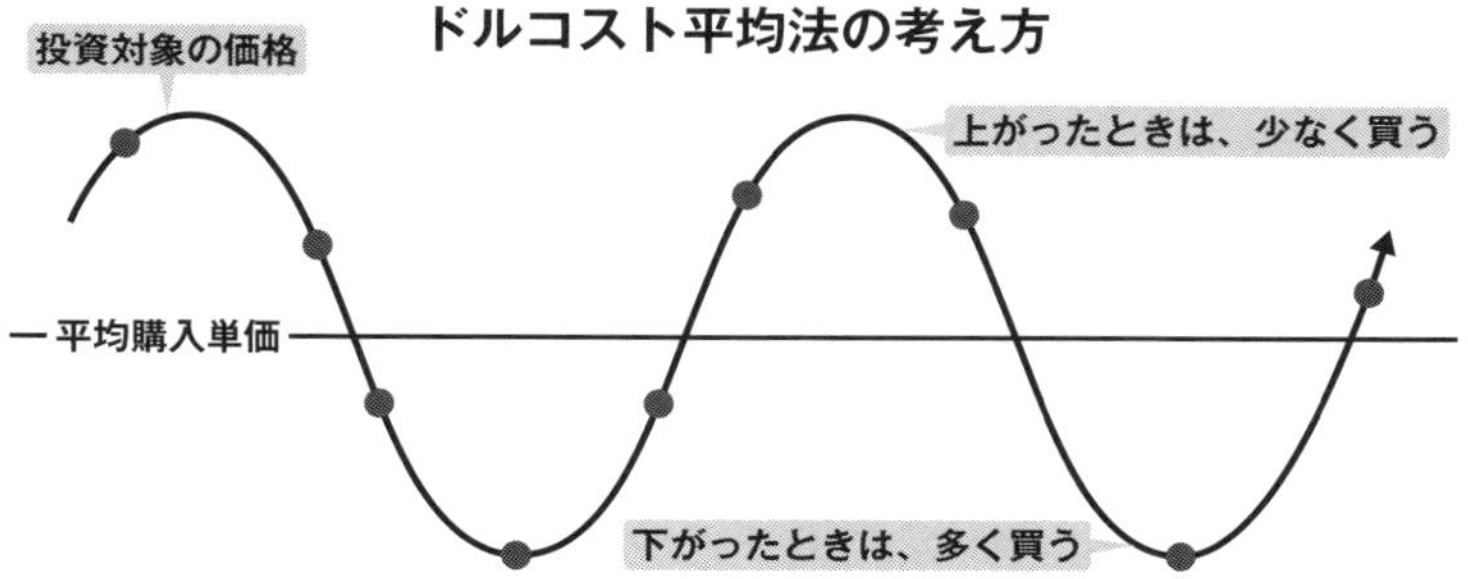

ドルコスト平均法の購入例

月	1月	2月	3月	4月	5月	6月
値段	800円	900円	800円	1,000円	1,200円	1,300円
Aさん	12.5個（10,000円）	11.1個（10,000円）	12.5個（10,000円）	10個（10,000円）	8.3個（10,000円）	7.7個（10,000円）
Bさん	10個（8,000円）	10個（9,000円）	10個（8,000円）	10個（10,000円）	10個（12,000円）	10個（13,000円）

Aさん …毎月、10,000円ずつ購入（ドルコスト平均法）
Bさん …毎月、値段に関係なく10個ずつ購入

6ヶ月間購入した結果は、
Aさん …6万円で、62.1個購入できた（平均購入単価：966円）
Bさん …6万円で、60個購入できた（平均購入単価：1,000円）

同じ金額を使っていても、ドルコスト平均法によってAさんは2個以上多く購入することができ、平均購入単価も34円安くすることができた。

きることです。数量ではなく投資金額を等分するのが特徴です。つまり価格が高いときは購入数が少なくなり、安いときには多くなるため、単純な数量分割よりも購入単価が下がるとされています。

投資信託の問題点

さて、本題に戻り、投資信託の話です。

投資信託には問題点が二つあります。一つ目は「**割高なコスト**」です。

そもそも投資信託の商品というのは、単独では売れない、売りにくい株を集めてつくり、魅力的に見せているものが多いのです。株というのは、需要と供給のバランスによって株価が決まります。つまり、**人気があるかどうかが重要なのです**。

売れ残りの野菜をカットしてミックスし、野菜ジュースとして売る、というような手法の商売です。

投資信託はプロが運用してくれるのだから、素人が下手に手を出すよりはいいと思われていますが、実際にはコンピューターによる運用がほとんどです。日経平均などの「指数」によって、コンピューターで自動的に売買が行われる仕組みです。

このマーケット連動型の運用であれば、大きなリターンがない分、リスクの心配もありません。これがいわゆる「パッシブ運用」（受け身の運用）と呼ばれるものです。どこの金融機関に依頼しても、ほぼ同じ結果が出ることも、このパッシブ運用の特長です。

これに対して「アクティブ運用」と呼ばれるのが、「ファンドマネージャー」と呼ばれる、投資のプロが安く買って高く売る銘柄を見つけ、独自のポートフォーリオをつくって運用するやり方です。一言で言うと、資産というサンドウイッチに挟む具材（銘柄）を自分で選び、カスタマイズしてつくる感覚です。ただ、これは運用のプロであっても常にマーケットに対して勝ち続けることは難しいと言われています。

日本の投資信託商品に多いパッシブ運用の場合、安全な分リターンが少ないので、かけたコストを回収するのは容易ではありません。

投資信託には図6のように、**購入時手数料、信託報酬、信託財産留保額**の三つの手数料がかかります。

購入時手数料が3％のパッシブ運用の投資信託商品1万円分を購入した場合、最初に購入時手数料が引かれ、実際に運用される金額は9700円になります。つまり、スタートの時点でマイナスからのスタートということになります。

パッシブ運用は、先ほども述べたようにリスクの心配がない分、大きなリターンを得にくいため、3％のプラスを出すというのはかなり難しいことです。

しかも、3％の運用益を出してやっと元の投資金額に戻るだけですから、そこからさらに利益を出すためには、3％以上の運用利回りが必要になります。これは大変厳しい数字です。私に言わせれば、最初から負けるとわかっているギャンブルをやっているみたいなものです。

さらに、その投資信託を運用している間は毎日、信託報酬を支払わなければなりません。これは驚いたことに、儲かっていても損をしていても、必ず支払わなければならないものです。損をさせられたのに、その相手に報酬を払うなんてことは通常の感覚ではあり得ないことですが、投資信託商品においては当

図6　投資信託の手数料

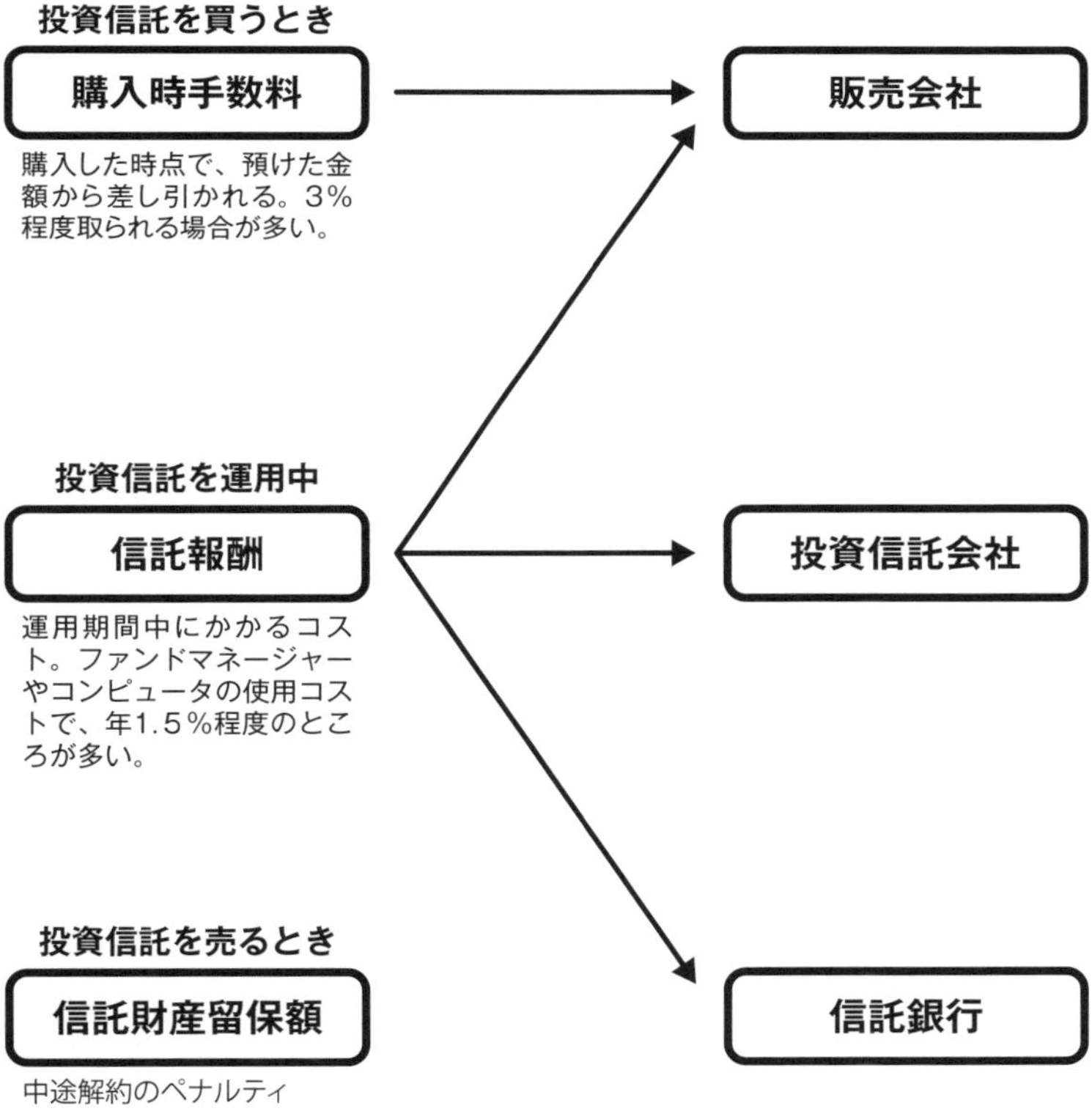
投資信託を買うとき
購入時手数料
購入した時点で、預けた金額から差し引かれる。3%程度取られる場合が多い。
投資信託を運用中
信託報酬
運用期間中にかかるコスト。ファンドマネージャーやコンピュータの使用コストで、年1.5%程度のところが多い。
投資信託を売るとき
信託財産留保額
中途解約のペナルティ
販売会社
投資信託会社
信託銀行

然のように要求されます。それでもうイヤになって「解約だ！」となると、今度は信託財産留保額という解約手数料が発生します。なぜこんなことがまかり通っているのか？——それが、二つ目の問題点である「紐づき」につながります。

大手金融機関と運用会社の紐づきには注意を！

日本で投資信託を運用している会社のほとんどが金融機関の関連会社です。親会社、グループ会社に金融機関が存在しているのです。たとえば三井住友銀行と三井住友アセットマネジメントのような感じです。

そうすると、販売の方針が「自社グループの商品を売りたい」「自社グループにとって都合のいい商品を売りたい」という姿勢になってしまいます。運用の成績を上げることではない方向に、目が向いてしまうのです。そうなると運用の責任の所在もあいまいになり、消費者はますます貧乏くじを引かされてしまう羽目に陥ります。運用会社にしてみれば、運用が失敗しても運用報酬が入ってくるので、それでOKというわけです。

図7　投資信託の販売会社一覧

	特徴
証券会社	初心者向けから上級者向けの投資信託まであり、選択の幅が広い。専門的な情報も充実している。
銀行	支店も多く、身近な存在で、投資初心者も利用しやすい。ただ、買い付けや換金は、投資信託専用の口座を開いた支店のみでの取り扱いとなる。
インターネット証券会社	インターネットを通して投資信託を購入できるため、平日に金融機関の店舗に行く時間を割けない人には便利。サイト上の投資情報なども充実している。

一方、海外では独立系の運用会社が多いので、成功報酬型の商品が多いようです。日本でも、さわかみ投信やひふみ投信など、数は少ないですが、独立系の運用会社は存在しています。

独立系で成功報酬の場合、運用成績が悪い会社は自然に淘汰されていきます。一方、結果を出すことができれば、どんどんお金を集めることもできるのです。会社のほうも、消費者と一緒のリスクをとってリターンを得ようとしていると言えるでしょう。**日本の「紐づき」の運用会社は、リスクをとらずに手数料稼ぎをしようとしているのです**。

では、日本の投資信託は完全にNOか、というとそうでもなくてETF（上場投資信託）の銘柄であれば、ほぼ株と同じ感覚で取引ができて、手数料も安価です。ただ欠点として「積み立てができないこと」「決まった金額での購入ができないこと」があります。

大切なのは、**証券会社をはじめとする販売会社の言い分をうのみにしないことです**。これはすべての投資に共通することですが、結局**自分の身は自分で守るしかありません**。くり返しになりますが、自分が得をしたいと思ったら、それなりの努力が必要なのです。「自分で考えるのはめんどうだからプロに任せたい」と思うなら、それなりの報酬をプロに取られるのは仕方ありません。極端な言い方をすれば、**本来自分がやるべきことを他人にお願いすれば、そこに支払いが発生するので自分自身は損をする、ということです。**

入門編としては、「モーニングスター」というサイトがお勧めです。モーニングスターでは、手数料、運用残高、年間運用利回りなどの情報が比較できます。優良商品を選ぶためのポイントの一つは、運用期間の長さです。目安としては「5年以上」と覚えておいてください。5年以上に渡って運用しているということは、それだけ運用実績があって人気が高いということです。1～2年などの短期のものや期間限定のものは、「手数料」目当ての可能性がありますす。証券会社が「新しい商品です。成長性がありますよ」と言ってくる話にも簡単に乗らないほうがいいでしょう。自分自身の目でしっかりとリスクとリターンをはかりにかけて選ぶことが重要です。

図8 モーニングスターのサイト

【投資信託】

メリット

- □少額から始められる（1万円からでもOK）
- □ドルコスト平均法の活用により、リターンが安定して見込める
- □NISAを使えば税制面で優遇される

デメリット

- □コストが割高である
- □コストが割高の割には、パフォーマンスがあまり期待できない

4 銀行員から見た「株式投資」

損切り基準が決められるかどうかがプロとアマの境界線

個人が行う投資方法の中で、株式投資は難しいのではないでしょうか。株式の市場というのは非常に情報が不平等な世界で、**情報を知っているかどうかで、ほぼ投資に成功するか失敗するかが決まってしまうものだからです**。勘を働かせたり幸運に恵まれたりして一回や二回は勝つことができても、勝ち続けることは非常に困難です。初心者が気軽に手を出すことは控えたほうがいいでしょう。

一方で「株式投資だけで生活している」という「株式トレーダー」と呼ばれ

るプロが存在するのも事実です。

では、両者の違いはどこにあるのでしょうか。

その答えは、一言で言うと**独自の「損切り基準」が決められるかどうか**です。これがなかなか素人には難しいことなのです。

プロはここがしっかり定まっています。それぞれの運用ポリシーを持っていて、感情は一切入れません。「Aという株は、〇〇〇円まで下落したら売る」と最初に決めて、ためらうことなく必ず売ります。

ところが素人は、「いくら損した」「いくら儲かった」という感情に始終動かされます。

株式投資をもし始めたいと思っているなら、まず、**どんな状況が来たとしても、絶対にぶれない軸をつくっておくことが最も大切なのです。**

負けても冷静でいられるラインを知ろう

リスク許容度は、人によって違います。100万円くらいなら失ってもいいやと思える人もいれば、1万円さえも失いたくないと感じる人もいるでしょう。

株を始める場合は、この自分自身のリスク許容度の範囲内で行うことが大きな失敗をしない秘訣です。全財産をつぎ込んだら、誰だってドキドキして判断がぶれてしまいます。**いくらまでなら、自分は冷静でいられるのかをきちんと問いかけてみましょう**。と同時に、「どこまでのリターンを求めているのか」も確認してください。「多ければ多いほどいい」というようなあいまいな考えではダメです。**「いつまでにいくらほしい」という明確な目標を設定しましょう**。たいていの場合、歳をとるに従って、リスクを取りたくない人が増えます。

若い頃のようには働いて稼ぐことができない年齢になると、手持ちの資金が大きく減ってしまうような事態は避けたくなって当然です。反対に若い人であれば「今、500万円損をする可能性があっても、20年後に2000万円になるチャンスがあるとしたら挑戦してみたい」と思うかもしれません。

くり返しますが、大切なのは「どこまでリスクを許容できるか」という線引きを最初からしっかり引いておくこと。そして、一度引いたらそこからぶれないことです。

リーマン・ショックのときに株が暴落して、株式投資をしている人はみんな大損をしたと思っている人も多いのですが、そんなことはありません。みんなが手放したときに買った人や売らずに持ちこたえた人は、今になって大きな利益を上げています。株価が下がったからと言って、慌てて自分の持ち株を手放した人は、感情に動かされて冷静にマーケットを読み切れなかったことで、かえって損を確定させてしまったのです。

その点、大口の機関投資家は、感情に左右されることはありません。**冷静に損切りができるために、大きな損もしないのです。**

株の売買では、常に「大口取引」の人が優先される

株式投資について考える際には、「総額の理論」というものも知っておきまし

ょう。金融の世界では**大きなお金を動かせる人のほうが大きく儲けられる**、というものです。このルールは常に働いていて、そもそも力の弱い人にとっては不利なマーケットなのです。

たとえば証券口座一つとっても、機関投資家のような大口が優先されて小口ははじかれ、後回しにされてしまうのをご存じでしょうか。

タイミングよく売りたい、買いたいと思っても、**大口の取引が終わるまでは大人しく順番を待つしかないのです**。

こんなに不利な条件でも、ぜひ株式投資をやってみたいという人には大口の機関投資家の入ってこない場所でのチャレンジをオススメします。小型株の新規上場などで業績の期待値が大きい企業などは狙い目でしょう。その判断は、図9のような財務諸表が読めれば、ある程度はできるはずです。

もちろんその際にも、損切りの基準を作っておくことは必須です。

図9　財務諸表（PL／BS）

貸借対照表（B/S）

資産の部		負債の部	
流動資産	297	**流動負債**	
現金及び預金	500	買掛金	
売掛金	-10	短期借入金	
貸倒引当金	6	未払法人税等	292
有価証券	10	預り金	2
商品		**固定負債**	
短期貸付金		長期借入金	
繰越税金資産	4	退職給付引当金	5
固定資産		**純資産の部**	
有形固定資産	20	**株主資本**	300
無形固定資産		資本金	
投資その他の資産		資本余剰金	
投資有価証券		利益剰余金	
関係会社株式	15	利益準備金	
繰越資産	30	任意積立金	
創立費		繰越利益剰余金	432
開発費	24	自己株式	-50
		評価・換算差額等	-5
		新株予約権	
資産の部	896	**負債・純資産合計**	976

損益計算書（P/L）

売上高	1800
売上原価	
期首商品棚卸高	900
当期商品仕入高	100
差引	800
売上純利益（粗利）	1000
販売費及び一般管理費	200
営業利益	800
営業外収益	
営業外費用	
支払利息	50
繰越資産償却	6
有価証券評価損	4
経常利益	740
特別利益	
特別損失	
減損損失	20
税引前当期純利益	720
法人税等	292
法人税等調整額	-4
当期純利益	432

【株式投資】

メリット

□大きなリターンが期待できる

□財務分析がわかれば、割安株を見つけることができる

デメリット

□損切りするのが非常に難しい

□株価分析の手法が多種多様で、人によって向き・不向きがある

5 銀行員から見た「外貨預金」「FX」

外貨預金は海外口座で行うのが鉄則

最後に「外貨預金」と「FX」についてもお話ししておきましょう。

外貨預金とは、米ドルやユーロなどの外国の通貨で預金をすることです。外貨預金でどのようにリターンを得るかというと、定期預金の金利と為替の差益を利用します。毎日為替は変動するので、それをうまく予測できれば結構なリターンが得られるというわけです。

外貨預金は、日本の銀行で行うのはお勧めできません。理由は、手数料が非常に高くつくからです。外貨を動かすたびに手数料が発生します。その手数料を上回るほどのリターンは、なかなか得られないものです。もし得られたとしても、手数料分がもったいなく感じてしまいます。

外貨預金をしてみたいなら、**海外の銀行に口座をつくって、そこに定期預金をするのが一番いい**と思います。口座開設は銀行によって郵送でできるもの、ネットから手続きできるもの、また、日本の支店から海外の支店での口座開設ができる場合もあります。

銀行の選び方としては、最初は基軸通貨であるドルやユーロを使用している国がおすすめです。フィリピン、ニュージーランド、インドネシアなど、定期預金の金利を高く設定している国がいくつかありますので、高利回りの外貨預金を考えているならぜひ調べてみてください。

海外の口座で定期預金を行う二つのリスクとは?

海外の口座で定期預金をすることに伴うリスクは二つ、**カントリーリスクと預け先の銀行の倒産リスク**です。国自体が破たんしてしまわないかどうか、また、その銀行の経営が破たんしないかどうかは事前にできる限りチェックしてください。ただ、海外の情報なので、なかなか入手するのも難しく、それなりの覚悟は必要だと思います。中には、英語や日本語で解説してくれるスタッフがいる銀行もあります。**事前情報の収集がカギと言えます。**

うまくいけば、金利7％なんていうバブルの頃のような数字での運用が実現できます。

リターンも大きいが、リスクも大きいＦＸ

ＦＸとは margin Foreign eXchange trading の略で、証拠金を担保に外国の通貨を売買することです。外国為替証拠金取引とも言います。

ＦＸは、うまくいけばかなりの差益がとれることで人気のある投資方法の一つです。しかし、リスクも非常に高いということを忘れるわけにはいきません。為替の変動を読みとって売買をくり返し、細かく利ざやをとっていく手法なので、ある程度まとまった金額でないと、投資のうまみが感じられません。

手持ちの25倍となる金額まで取引ができる仕組みになっているので、うまくいっている間はいいのですが、ひとたび損をし始めると、一気に大損をしてしまうことも起こり得ます。また、マイナスになったときの下限値が決まっていて、ある一定のところまで下がった場合には、「追《お》い証《しょう》」と呼ばれる追加金が必要になります。ある程度の余裕資金がないと、そのお金が入れられず、損をしたままで取引終了となってしまいます。

私の感覚では、素人が行うには、株よりも難しい投資方法です。かといってＦＸのプロトレーダーに預けてやってもらうとしても、その分の報酬が発生するので、果たしてそれを上回るリターンが得られるのかとなると疑問です。

もちろん、プロだからと言って勝ち続けることはできません。この世界には、もしかしたら勝ち続けられるＦＸトレーダーも存在しているのかもしれませんが、私やあなたのような一般人がそんな人になれる可能性は期待しないほうがいいでしょう。

【外貨預金・FX】

メリット

□FXはレバレッジをかけることができる

□通貨分散することで、円安対策ができる

デメリット

□為替は全世界の動きと連携するため、予測分析が非常に難しい

□外貨預金はコストが割高

6 銀行員から見た「オフショア投資」

リスクを分散したいなら、外貨も分散すべき

投資をするときに非常に大切な考え方として、「**時間分散**」というキーワードがあります。これは、ある程度、長期間にわたって時間を分散して投資していく手法のことで、その一つとして紹介するのが、オフショア投資です。

オフショアとは元来、〝off〟（離れて）の意味に〝share〟（沖）を合わせた言葉で、「沖合」を意味します。翻って、海外という意味になります。

なぜオフショア投資なのか？　それは、「**通貨分散**」という考え方にカギがあります。これは、これから投資をするうえで重要なキーワードになります。

こんなにグローバル経済と声高に言われていても、日本人で外貨を持っている人はまだまだ少ないのが現状で、「円の一部をドルで持ったほうがいい」と話すと、ポカンとされたりもします。

多くの人が日本という国を頭から信頼し、円の価値は多少為替の影響を受けて上がり下がりはするものの、国の経済が破たんして紙くずになることはないと思い込んでいます。ですが戦後、つまり70年ほど前には銀行に預けていた資産が極度のインフレで一夜にして紙くず同然になったという事実が存在しているのです。それがくり返されないと、いったい誰が保証できるでしょうか。

ヨーロッパでテロが多発したり、中国で大きな自然災害があったりすると、日本経済もその影響を多大に受けます。世界は連動しているのです。

外貨を持つことで、財産の価値を安定させる

外貨を持つ、つまり通貨を分散することによって、持っているお金の価値のバランスを取ることができます。円が安くなったときは他の通貨の価値が上が

っているわけなので、複数の通貨を持つことで、全体のお金の価値を安定させることができるのです。

最初は「基軸通貨」と呼ばれるユーロやドルから始めればいいでしょう。旅行や出張でよく行く国があるなら、その国の外貨を選ぶといいと思います。

ポイントは、**海外のオフショア口座に直接預けること**です。オフショア口座とは、具体的には税制面で日本よりも優遇されている国の銀行口座のことを指します。

日本にある外資系の銀行は日本の法律の下にあるので、税制面の優遇などが期待できません。しかしオフショア口座を持つと、そこで海外の投資商品の購入や運用を行うことができます。

資産を守るためには、リスクのコントロールが必要です。為替が動いたから損をした、いつの間にか預金の価値が目減りしていたと、外部にすべての原因を押しつけてしまうようでは、マネーリテラシーが低いと言わざるをえません。**戦略を立てて、自分の意思をきちんと反映させることが大切です。**

オフショア口座開設までの流れ

オフショア口座開設までの具体的な手続きについても簡単に解説しておきます。

口座開設の際のポイントは次の2点です。

・海外の銀行に直接口座を開くこと

・日本語でコミュニケーションがとりやすいかどうか

オフショア口座と一口で言っても、いろんな国のいろんな銀行があります。開くための手続き方法や金利なども様々です。

まず考えておきたいのは、カントリーリスクです。カントリーリスクとは、海外に投資を行う場合、その国の事情によって出資金・貸付金などが回収不能となる危険度を表すものです。ギリシャのように国自体の経済が破たんするということが起こる世の中ですし、内乱などの多い国も長期的に運用することを考えると不安です。

また、最近では、日本で有名なオフショア口座の一部で日本人の口座開設を制限しているところもあるので、そもそも口座を開設しやすいかどうか（口座開設にあたっての条件が厳しくないかなど）、開設した後の日本語でのコミュニケーションがとりやすいかどうか、というのもチェックしておきたいポイントです。日本人は英語でのコミュニケーションが苦手な人が多いので、せっかく口座開設しても、全然活用できずに口座を凍結される場合も多いのが現状です。

契約内容などを理解するためには、ある程度できる言語を選ばないと大変なことになります。電話でのやり取りや現地の窓口での交渉なども、いずれ発生するかもしれません。また、**日本人投資家に対して好意的かどうかというのも大事な点です**。

これらをすべてクリアしているお勧めのオフショアの一つが、香港です。まず距離も近く、行きやすいというメリットがあります。国土的には中国ですが、文化や政治、経済など、実質的な国家としてのイギリスの影響を色濃く受けているので、イギリスやヨーロッパの銀行がたくさん店舗を出しています。

英語でコミュニケーションがとれますし、日本人向けのサポートも充実しています。

預ける金額は、20万円くらいあれば大丈夫です。海外の銀行は残高によって口座維持料金がかかるので、注意が必要です。具体的にどこか一つを勧めるとしたら、HSBC銀行がいいでしょう。117ページの図10のように、預金平均残高ごとにクラスが決まっています。

さらにもう一つ、オフショア投資の中で、比較的リスクが低く安心なものに、「積立型投資信託」があります。これは海外の生命保険会社が扱っている商品で、たくさんの種類があります。

海外では日本のような年金制度がないところが多く、社会人になったら自分自身で年金の積み立てを始める習慣があります。このような背景から、積立型投資信託が充実しているのです。オフショア投資は、ドルコスト平均法による複利効果を期待する、長期の運用商品を選ぶようにしましょう。

たとえば欧米系の大手生命保険会社などが有名です。リターンはそれほど大きくはありませんが、ドルコスト平均法を使うことによって、長期で見ると利ざやが大きくとれます。複利効果を狙うなら、最低でも15年は運用し続けることが必要です（複利については127ページを参照）。

日本の銀行にしか預金したことがない人からすると、外国の保険商品は運用期間も長く、少しハードルが高く感じるかもしれません。しかし、結婚して家族が増え、といった人生設計を考えたときには、リスクを回避し、安心して運用できる手法として考えてみてもいいと思います。

図10　HSBC口座の種類

	Personal Integrated（パーソナルインテグレーテッド）※旧スマートバンテージ	Advance（アドバンス）	Premier（プレミア）
特徴	最も手数料が安い。主にインターネットバンキングを利用するならこのクラスで充分。	中間クラスでクレジットカードの発行が可能。専用窓口も利用できる。	最上級のクラス。外貨入出金手数料の優遇、専任担当者・専用ラウンジの利用可
預金平均残高（TRB）	5,000HKD	200,000HKD	1,000,000HKD
口座維持手数料（月額）	60HKD	120HKD	380HKD
外貨入金手数料（1日あたり）	入金額の0.25% JPY150,000以上 USD1,500以上 上記以下：無料	入金額の0.25% JPY150,000以上 USD1,500以上 上記以下：無料	入金額の0.25% JPY150,000以上 USD5,000以上 上記以下：無料
外貨出金手数料（1日あたり）	75,000円以上:0.125% 75,000円以下：無料	75,000円以上:0.125% 75,000円以下：無料	15万円以上：0.125% 15万円以下：無料
ATM利用限度額（1日あたり）	20,000HKD	30,000HKD	40,000HKD
インターネットバンキング	可		
テレフォンバンキング	時間制限対応 日本時間　月～金 9：00～17：30（土曜のみ16：30まで）		24時間対応
通貨	オーストラリアドル、カナダドル、米ドル、円、ユーロ、ニュージーランドドル、ポンド、シンガポールドル、タイバーツ、スイスフラン		
小切手	発行可		
銀行サービス			グループ口座間での送金手数料無料
投資サービス		Find Max（ファインドマックス）サービスが可能	
クレジットカード	年会費有料	年会費無料	年会費無料 紛失時の再発行の無料

※HKD＝香港ドル、JPY＝日本円、USD＝米ドル

【オフショア投資】

メリット

□通貨分散ができる

□ドルコスト平均法で時間分散ができる

□日本の商品に比べて金利の高いものが選べる

デメリット

□資産形成にあたって為替の影響を受ける

□カントリーリスクがある

7

銀行員から見た「不動産投資」

月々の現金収入を得たい人が注目する不動産投資

最後に国内の不動産投資についてお伝えしましょう。

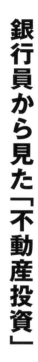

現在の年齢が40歳以上の人なら、日本中が不動産投資に熱狂した1980年代半ば以降のバブルの時代を覚えていると思います。それより若い人たちも、年配者から当時の様子などを聞いたことがあるのではないでしょうか。

当時は「一億総不動産屋」などと言われ、誰もが不動産の転売に夢中になっていました。都心の不動産だけでなく、郊外の不動産まで価格がつり上がり、自宅の土地や田舎の親の住む家まで売ってしまったなんていう話も耳にしたことがあります。もちろん堅実に儲けていた人もいたとは思いますが、バブルが崩壊して終焉《しゅうえん》を迎えたとき、かなり多くの人が大きな金銭的ダメージを受けてしまったのは事実です。その記憶のせいで、今でも「不動産投資は怖い」と、かたくなに信じ込んでいる人も、結構多いのです。

バブル期は老若男女を問わず、それまでまったく投資に縁のなかった人までが売却益（キャピタルゲイン）を求めて不動産投資を始めたものですが、それ以前から多くの富裕層は節税目的や相続対策のためにアパート経営を行っていました。儲けたいというよりは、所得税の還付を受けるために、あえて赤字物件を購入するというパターンも多かったのです。

そして、今から10年前くらいからは新しいカテゴリーの大家さんが増え始めました。それがいわゆる「サラリーマン大家」です。彼らの主な目的は、バブル期のように転売して売却益を狙うものでも、税金対策でもありません。**月々の現金収入（キャッシュフロー）を稼ぐためなのです。**

「インフレに強い」が人気のポイント

不動産投資がサラリーマン投資家に好まれる理由の一つは、**現物資産である**ということです。実際に存在しているものを購入しているので、株やFXに比べて「見える」という安心感があります。

また、**不動産は価値がゼロになってしまったり、消えてなくなったりはしません**。これもまた一般のサラリーマンに投資対象として支持される大きな理由になっていると思います。

不動産はインフレに強いという特徴もあります。世の中が動いて通貨の価値が大きく変動しても、実在するモノの価値は変わりません。尺度が変わったというだけで、新しい通貨基準に合わせてまた新たな価値が決まります。中国の方が金を買い集めたり、最近では日本の不動産を〝買い漁っている〟などと言われるくらいに不動産投資に熱心なのも、「元」という通貨に不安を覚えているからでしょう。

さらに、サラリーマン投資家にとっての大きなメリットとしては、**レバレッ**

ジを効かせられるということがあります。レバレッジというのは「てこ」のことで、手持ちの資金が少なくても（時には資金ゼロでも）、銀行からお金を借りて大きな金額の買い物をすることができるのです。

2016年2月、日銀がマイナス金利の発表を行いましたが、このことはできるだけ銀行から融資を受けて不動産投資を行いたいサラリーマン投資家にとっては、大きな追い風となるでしょう。

一方でデメリットもあります。一番大きなものは、**価値が一般人にはわかりにくく、値段が適正かどうかの判断がつきにくい**ということです。

不動産はどの物件もすべてがオンリーワンです。同じマンションの同じ間取りであったとしても、階高が違ったり、窓からの眺めが違ったりすれば価格も変わります。大量生産できるものではないので、売買はすべて個別の取引となります。買いたいと思っても、なかなかほしい物件に出会えなかったり、売りたいと思っても買いたいという人が現れなかったりして、実際に成約するまでには長い時間がかかることも多いのです。換金性は非常に弱いと言えるでしょう。

それでも、不動産投資は、一般のサラリーマンや主婦にとっての投資メリットが他に比べてかなり大きいと感じています。実際に私もいろいろな投資方法を検討した結果、不動産投資を選びました。このことについては、高市亮氏が第4章で詳しくお話しします。

この章では、代表的な7つの資産運用について私なりの考え方を述べてきました。文中でもお伝えしたように、どの投資方法を選ぶかはそれぞれの目指すリターンとリスク許容度とのバランスの中で、自身で決めていくしかありません。

大切なポイントは

・どのくらいのリスクならとれるのか？

（たとえば一年間でマイナス10％まで、など）

・どの程度のリターンがいつまでに必要なのか？

（たとえば一年後に10％増やす、など）

を明確に定めることです。定めたら、ぶれないことも必要です。

最後にもう一つ、投資というのは、大手の金融機関が勧めるから、あるいは有名なコンサルタントが勧めるから安全・安心ということはありません。

中小でも個人でも頼りになるコンサルタントは存在しますし、より確実にリターンを得たいなら、リターンを得る本人（つまり、あなた自身です）がしっかり勉強をして理論武装をしてから入るべき〝戦いの場所〟なのです。

【不動産投資】

メリット

□現物資産のため、価値がゼロになることはない

デメリット

□価値を判断するのが難しい
□すぐに現金化できない

8 時間分散のススメ

お金を増やす人がやっている「3つの分散」

第1章では、本業からの収入の他に、キャッシュポイント（お金を生み出す手段）をつくることを提案しました。

ここではさらに一歩進んで「時間の分散」について説明していきます。

投資をやっている人が最後に落ち着く「3つの資産分散」というのがあります。その3つというのは次の通りです。

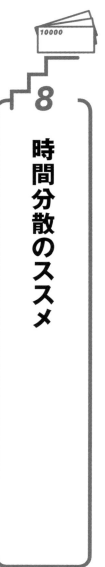

①キャッシュ（現金）

流動性の高い現金はやはり強い力を持ちます。病気になって働けなくなったり、リストラにあって職を失ったりする可能性もないとは言えません。そのため、リスクヘッジとして2年暮らせるくらいの現金があると安心です。

投資仲間の中には「貯金はゼロです」と堂々と言う人もいるのですが、さすがにそれはリスクが高すぎます。現金をすべて投資につぎ込むのは危険です。

②ペーパーアセット（株・債券など）

キャッシュ（現金）はインフレとともに価値が目減りしていきます。銀行預金の利息では、それをカバーできるほどは増えません。やはり複利を効かせることが、お金を増やすためには有効な方法です。

複利とは、運用中に発生する利息を元本にくり入れ、それを新しい元本として再投資、利息を計算する方法です。

たとえば100万円を預け、年利が10％だった場合、「単利」だと年間10万円の利息なので、初年度は110万円になります。2年目以降も利息は10万円ずつ増えていきます。一方「複利」の場合、同じ条件だと1年目は単利と同じ「110万円」ですが、2年目はその110万円を元本として投資をするので、利息は11万円になり、2年目は「111万円」と、初年度より1万円多く稼ぐことができます。

複利で増やせる資産としては、先ほど紹介したオフショアの積立型投資信託がお勧めです（115ページに詳しく書いています）。外貨で持てるので、通貨分散も行うことができます。

③リアルアセット（不動産・金・先物・絵画・骨董など）

代表的なものは不動産ですが、金や先物などもリアルアセットの仲間です。先ほど紹介した、株や債券などの「ペーパーアセット」は「形ないモノ」ですが、このリアルアセットは、「形あるモノ」になります。

長所は「**インフレに強い**」ということです。つまり、モノの価値が上がったとき、持っておくと有利に働くことが多いと言えます。

為替の変動は激しく、通貨の価値はどんどん変わっていきますが「モノ」の価値は変わりません。今、日本の土地や不動産を中国人が買い占めに来ているのもそれがわかっているからです。不動産は一つひとつがオンリーワンで希少性の高いものなので、価値が大きく暴落することはありません。

リーマン・ショックが教えてくれる資産分散の落とし穴

「資産の分散」については、この三つが黄金ルールです。今後も変わることはないでしょう。ただしこれからの時代、資産の分散だけでは分散にならないケースがあります。そのことをありありと感じさせたのが２００８年9月に起こったリーマン・ショックです。世界で同時に株安、不動産暴落、債券も暴落という事態が起こりました。たくさんの企業が連鎖倒産を起こし、多くの失業者を出すことにもなりました。

この突発的な大事件により、単なる資産分散だけでは資産を守れないことが明らかになりました。資産分散という考え方は、単独では通用しなくなってしまったのです。

そこで「時間の分散」という考え方が必要になります。

時間分散とは?

これは、**想定する寿命をゴールに、そこから逆算してお金を増やすための方法を考える**ということです。

「時間の分散」とは、ある程度長い時間軸のうえで、複数回にわけて投資することによって、高値づかみや安値売りを避けようとすることです。

また、長期間投資することによって、1年あたりの価格変動のブレが小さくなる効果を期待するもので、長期投資によるリスク低減効果のことを「時間分散効果」と呼んだりします。

たとえば、今40代の人なら残り30年くらい、30代であれば残り40年以上の時間を分散することができます。時間の分散によって資産を大きく増やすことができるのです。

具体的に説明しましょう。１３５ページの下の図を見てください。

現金は、時間の経過によって増えることはありません。まっすぐのラインを描きます。一方、株や債券などのペーパーアセットは、複利の商品を選べば、時間がたてばたつほど加速度的に増えていきます。投資のロジックの大前提として「時間がたてばたつほど効果が大きくなる」ということがありますが、複利のペーパーアセットは、まさにその通りの動きを見せてくれるのです。

ただし、最初の10年くらいはほとんど増えません。ゴールの設定は短くとも30年後くらいにする必要があります。ペーパーアセットで失敗する人は、短期的な成果を求めすぎるあまり、この期間設定を間違ってしまうことが原因になっていることが多いのです。

最初に増えなくて、やめてしまう。増えるどころか下がってしまった！　と大騒ぎして、すぐに別の商品に乗り換えてしまうのです。

くり返しになりますが、時間投資は、限られた時間の中で長期的にお金を増やしていく方法です。最初にドバッと購入するのではなく、**長期にわたって一定額購入するので、下がったときこそ買いのチャンスなのです**。前半の10〜15

年をじっと持ちこたえることが重要です。

何でもそうですが、我慢するのは少し大変かもしれません。しかし、そこを乗り切れれば、後半はおもしろいほど増えていくのです。もちろん、前半を持ちこたえるためには、ある程度の余裕資金が必要です。それをフォローするのがリアルアセット、つまり「**不動産**」なのです。

不動産の強みは、何と言っても「**家賃収入が入る**」ことです。既に居住者がいる状態で購入するので、すぐに収入があり、それが継続します。

これは、他の資産にはない大きな特徴で、資産形成に利用しない手はありません。しかも、投資用不動産を購入するため、自分自身のお金を使う必要はないのです。銀行からお金を借りてできるので、少ない資金で大きな取引ができます。言ってみれば、「**自己資金以上の資産を、他人のお金（＝銀行のお金）で手に入れることができる**」のです。これが私の勧める時間分散投資です。

簡単にまとめると、

①最初に銀行のお金を使って不動産で資産を拡大し、その収入を徐々にペー

パーアセットに移行していく

②不測の事態に備えて現金はなるべく使わず、最低でも2年分の生活費をストックする

③不動産で得た収入を元手に、オフショア投資などで、複利効果により時間の経過とともに資産を拡大させる

不動産投資については、これまでは成功して事業を引退した人が豊富な資金を使って不動産オーナーになるというイメージがありました。でも実は**不動産投資は、「お金のない人」こそ、そのメリットがより大きく享受できる投資方法**なのです。今後はますます、「**お金がないからこそ、不動産投資**」という流れになると思います。

この方法を使えば、5年から10年という比較的短期間で安定的かつ効率的に資産形成をすることができます。

日本の平均的サラリーマンの生涯年収は2億円程度と言われていますが、これは定年時に2億円が残っているという意味ではありません。そのほとんどを生活費として使ってしまっているので、老後資金に悩む人が今の時代、本当に増えています。しかし、不動産投資をうまく使うと、5年で1億円の資産を形成することも、まるっきりおとぎ話ではないのです。実際に私も不動産投資による資産形成で、これまでに1億円以上の現金資産をつくることができました。また、同様の方法で資産形成に成功したたくさんの事例も知っています。

不動産は、マーケット相場が上がってくれば、キャピタルゲイン（売却することによって生じる差益）が期待できます。毎月の「家賃収入」というインカムゲイン（所有しているだけで得られる収入）を受け取りつつ、儲けが出るタイミングで売れば、さらにキャピタルゲインまで手に入れることができるのは、まさに不動産投資だけの醍醐味と言えます。

図11　3つの分散

❶キャッシュ（現金）

メリット	家族が病気になったときなど、すぐお金が必要なときに役立つ
デメリット	資産を大きく増やすことができない／インフレの影響を大きく受ける

❷ペーパーアセット（株・債券）

メリット	市場取引が大きいため流動性が高く、価格もわかりやすい／購入や処分がしやすい／時価が市場にあるので目安としやすい
デメリット	価値がゼロになる可能性がある／インフレの影響を受ける

❸リアルアセット（不動産・金・絵画・骨董など）

メリット	インフレに強い／価値が下がってもゼロになることはない
デメリット	換金に時間がかかる

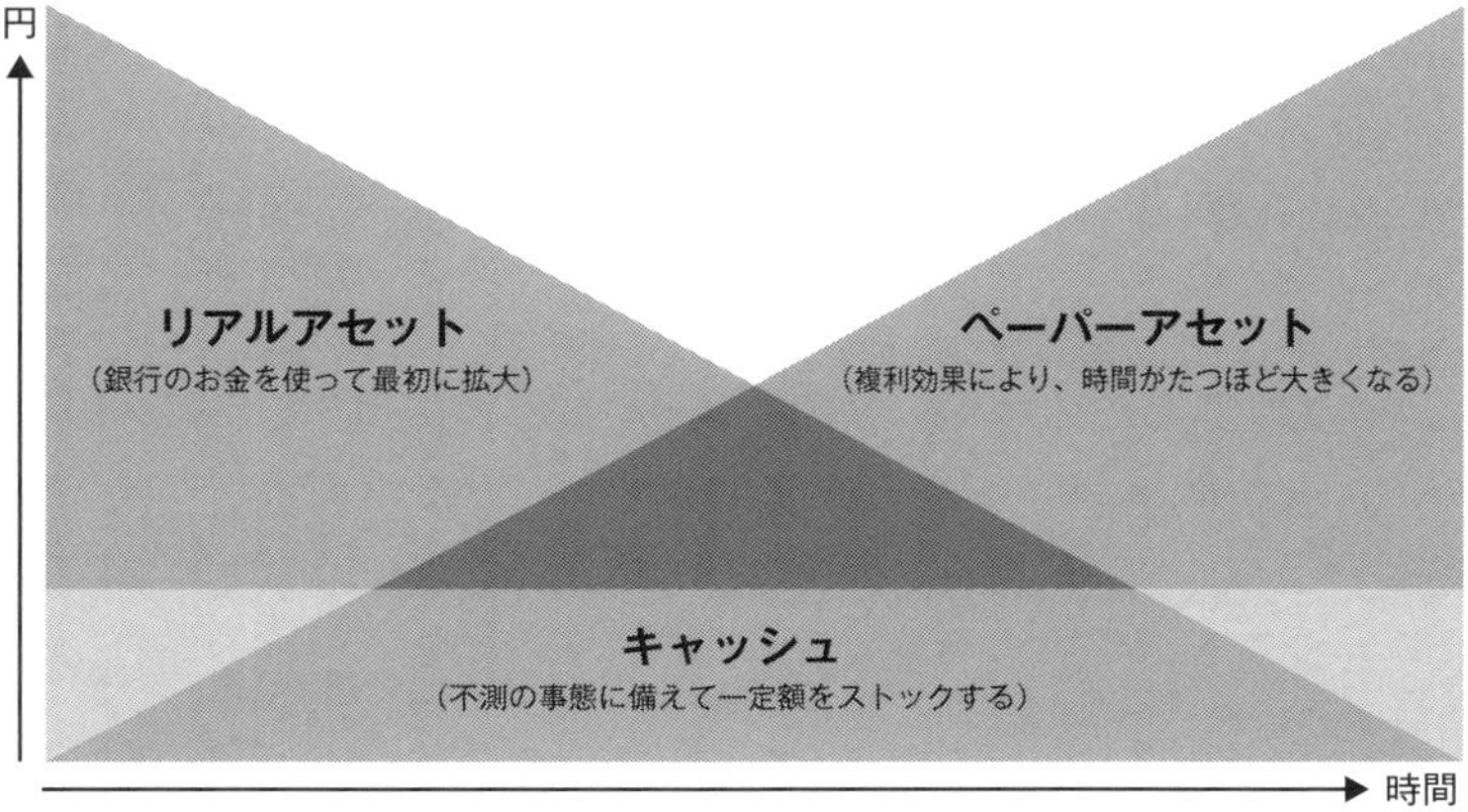

9 「リスクを取ること」の本当の意味とは？

リスクを怖がる前に、「コントロール」する

ここまで具体的な投資手法について話してきましたが、最後に投資をするうえ大切な心構えを改めて伝えたいと思います。

まず、絶対に忘れてはいけないのが「リスクとリターンの関係」です。**リターンを得るためには、それに応じたリスクを取らなければなりません。**これが絶対の原則です。「なんとかうまい投資法で、できれば損をしないで」と考えている人が多いのですが、そういう考えは投資を始めたいと思うなら今すぐ

捨ててください。

ただ、私は何も「リスクをかぶれ」と言っているわけではありません。**リスクを取るというのは、「リターンに応じたリスクを覚悟する」ということ**です。それは、起こるかもしれないけれど、まだ起こっていないリスクとも言えます。あなたがすべきは、怖がってリスクから逃げることではなく、リスクが顕在化しないように、または、たとえリスクが顕在化したとしても、その影響を最小限に留めるように、**「コントロールすること」**なのです。

コントロールしようと思ったら、何でもそうですが、まずは相手の正体をしっかりと把握することが必要です。それがわからないままで、コントロールできるはずはありません。

たとえば今、手元に１００万円の投資資金があったとします。これを全額、一つの株式銘柄に投資するとどうでしょう。「ゼロになってしまうかもしれない」というリスクがあります。それを理解したうえで一獲千金を狙っているというのなら、問題ありません。ですが、理解せずに一獲千金を狙うことしか見えていないとしたら、投資リテラシーに欠けていると言わざるを得ません。

リスクを取る、と言っても、それは「エイヤっ」と思い切りよく、覚悟さえできればいいというものではありません。**自身の取れるリスクを冷静に検討し、どこまでなら許容できるかを把握することが絶対に不可欠です。**

一番のリスクヘッジは、失敗している人から学ぶこと

これまで私は、不動産投資のセミナーを開いたり、コミュニティを運営したりする中で、数千人の投資手法を見てきました。実際に継続して結果を出している人に共通するのが「**リスクの分析力**」と「**冷静に覚悟を決める**」という態度です。万が一の場合はリスクを引き受けることになる、それに対処するための手段も検討した。だから、怖がる必要はない。でも、できることならリスクを回避したい。そのためには何をすればいいか、ということを必死になって考えています。一番のリスクヘッジは、**すでに失敗している人から学ぶということ**です。成功例だけでなく失敗例からも学ぶべきことはたくさんあります。

次の章からは、私の主宰する不動産投資家コミュニティでコンサルタントとして活躍し、自分自身も投資家として大きく成功している高市亮氏にバトンタッチして、投資を始める前に気をつけなければならないルール、さらには、不動産投資の成功の秘訣について詳しく解説してもらいます。

第2章まとめ

①元本保証の定期預金。貯蓄した分を使うだけなら使おう

②保障が目的の保険。入るなら、掛け捨て型保険に入るべし

③定額から始められるが割高コストの投資信託。手数料にも注意を！

④株式投資は大きなリターンが期待できるが損切りが困難

⑤世界の動きと連動するＦＸ。レバレッジをかけられるが難易度は高

⑥円の価値が下がったときに安心のオフショア投資。言語の壁あり

⑦月々の安定収入を得たい人こそ不動産投資。インフレにも強い

⑧失敗せず着実に稼ぎたいなら、３つの分散投資をすべし

⑨リターンを得たいなら、それに応じたリスクを覚悟すべし

第3章

投資を始める前に知っておきたいルール

1 投資を始めるために必要なこと

ノウハウよりも重要なものとは何か？

はじめまして。高市亮《たかいちりょう》と申します。

現在、不動産投資家として47室・約2億4000万円の資産を所有するかたわら、不動産投資のコンサルタントとしても活動しています。

この章では、実際に投資に取り組む際に、基本的な心構えとして知っておくべきことを読者のみなさんと共有していきたいと思います。

投資の世界というのは、準備なしで入るには、あまりに複雑で奥が深いものです。生半可な知識では、選択肢がありすぎて、どれを選べばいいのかを判断するのはとても難しいと思います。

投資に成功するために必要なものは何だと思いますか？　有効な情報、優れた投資方法のノウハウと考える人も多いでしょう。ですが、私が実際にやってみた経験から言うと、情報やノウハウだけで成功する例はあまりありません。むしろ、情報やノウハウがそれほどなくても、成功する場合もあったからです。

なぜ、情報やノウハウだけでは成功しないのか？

理由はインターネットの普及にあります。インターネットを検索すれば、誰もが瞬時に同じ情報を共有することができる現代では、情報やノウハウの価値が以前に比べて極端に低くなってしまいました。また、それらの中には本物だけでなく偽物の情報も混ざっています。**情報やノウハウに頼りすぎているうちは、なかなか成功することができません。**

私がこういうことを言えるのも、私自身が実際にこの数年間にわたって試行錯誤をくり返し、そのうえで投資という道を歩んできたからです。

リストラの危機が迫り、投資について考えるように

投資について考え始めたのは、5年前のことです。当時の私はサラリーマン。会社での仕事は充実してはいたのですが、もともと事業の業績が振るっていませんでした。そしてあるとき事業縮小で、私のいた事業部がリストラの危機にさらされるようになりました。このため、とても楽しんで仕事をするような雰囲気ではなくなってしまったのです。将来的にどうなるかが見えなくて、いつも不安でいっぱいでした。

そんなときに、学生時代の同窓会がありました。久しぶりに会って騒いで、楽しいことばかり語り合いながらも、懐かしい友人たちの顔をつい眺めてしまう自分がいました。

「みんなは、不安を感じていないのだろうか?」

そのときの私は、将来のお金の不安について共に語り合える相手を求めていたのです。

その同窓会で、ある運命的な出会いをしました。

一緒にわいわい騒ぎながらも、なぜか一人だけ独特の余裕を感じさせる雰囲気を醸し出している友人Ａがいて、気になった私は彼に近況を尋ねたのです。

すると驚いたことに「不動産投資をやっていて、それがすごく楽しいんだ」と、目を輝かせて話し始めました。そして最後にこう言ったのです。

「どう？　一緒にやってみないか」と。

いきなり不動産投資なんて無理だろうと思いつつも、**同じ年の友人が実際にやっていて、しかも成功を収めつつあるということは大きな励ましとなりました。**当時、手元にそれほど潤沢な資金があったわけではありませんが、将来のお金に対する不安を抱えたままよりは、何か行動をしてみるべきかもしれないと思っていた時期でもあったので、その日から友人に教えを請《こ》いながら不動産投資の勉強を始めたのです。

あれから5年が経過した今、私は会社を退職し、不動産投資家としての収入を得ています。最初は恐る恐る始めた不動産投資でしたが、２０１６年３月現

在では、

- **一棟アパート　千葉県船橋市　5戸**
- **一棟マンション　栃木県宇都宮市　22戸**
- **一棟マンション　福岡県福岡市　18戸**
- **区分マンション　神奈川県横浜市　1戸**
- **区分マンション　宮城県仙台市　1戸**

を所有して賃貸経営を行っています。

資産価値としては、2億4000万円ほどを築くことができました。

私が、今のような結果を出すことができたのは、先に投資を始めていた友人A、そしてその後出会った投資家コミュニティのおかげです。友人やコミュニティで出会ったメンバーたちの経験によるアドバイスが、いつも大変役に立ちました。

本章では、当時の私のように不安な気持ちを抱いている人たちに、今度は私が彼らの人生をプラスにするきっかけを提供できればと考えています。私がこれまでにもらったアドバイスやさらに私自身が経験から学んだことなどをルール化して、順に紹介していきます。

2 ノウハウを集めて満足してはいけない

行動しなければ、勉強していないのと同じ

投資を始める際に大切な一つ目のルールとして、「ノウハウコレクターになってはいけない」ということを掲げたいと思います。「そうなの？」と思うかもしれませんが、ノウハウを集めてばかりで、そのノウハウを使って行動に移せていない人は意外と多いのです。裏返すと、**いくら本を読んで勉強しても、実際に行動して試してみなければ勉強していないのと同じなのです。**

たとえば、投資に興味を持ち始めると、不思議なもので「私も投資をしている」という人たちが周りに急に現れ始めます。それに伴って、投資にまつわる

いろいろな話が、実話もうわさも含めて耳に入ってくるようになります。

そんな中、投資でどうしても成功できない、損ばかりしてしまう人に共通する特徴は、**ノウハウばかりを集めるノウハウコレクターになってしまっている**ということです。

私が知り合った人たちは、ほとんどが同世代の30代前後。インターネットで情報を集めることが自然に身についた人たちです。みなさん勉強熱心で、ネット上の情報サイトはもちろんのこと、評判のいい書籍があると聞けばそれを読み、成功した人の講演があると知ると、休暇を使って聞きに行くなどの努力を怠らず、あらゆる角度から情報収集をしていました。

ところが、そんなに勉強をしているにもかかわらず、投資への一歩を踏み出せずにいる方がとても多いのです。

「なぜだろう？」と考えて観察した結果、そういう人たちは実際に投資するための一歩が止まってしまっていることに気づきました。知識を集めることが楽しくなってそこで満足してしまっていたり、多種多様な情報を知ってしまったがゆえに、逆にどれが正しいのかがわからなくなってしまっていたのです。

手に入れようと思えば無限に情報が入ってくる今の世の中では、一つの情報に対して、必ず肯定の意見もあれば、否定の意見もあります。そのため**自分自身の軸がしっかりしていないと、迷うばかりで判断がつかなくなってしまうのです。**

さらに、インターネットや書籍の情報は、誰にでも簡単に手に入る情報です。ちょっと検索すれば、みんなが同じ情報を知ることができるので、情報を集めるだけでは差別化ができません。投資で結果を出して自分だけ頭一つ飛びだすということが、非常に難しい状況なのです。

7年間、勉強ばかりで実践経験のないDさんの事例

ここで私の友人であるDさんの例を紹介しましょう。彼はもう7年くらい、ずっと投資について勉強をしていました。毎週のようにセミナーに参加して、これまで数百冊の本を読んだと言います。さすがにいろいろなことに詳しくて、普通なら得られないような裏情報などについても詳しく知っています。ただ、そ

れでも彼は何一つ投資商品を買ってはいないのです。情報と知識を持っているだけで、結果まで見えた気になってしまい、実際の行動に移すことができないでいるのです。

結局Dさんは、この7年でセミナー参加費や書籍代などの出費を重ねたものの、ほんの少しのリターンも得られないままです。

ノウハウを蓄えるのは、悪いことではありません。もちろん、ある程度の勉強は必要不可欠です。ただ、その先に行くためにはノウハウだけでは足りないのです。

もしあなたが実際の投資の具体的な話を聞きたいと思ったら、彼に聞きますか？　それとも、小規模でもいいので投資経験のある人に聞きますか？　考えれば、自ずと答えは浮かび上がってきます。

お金を増やすためには、実際に一歩を踏み出す勇気と行動力が求められるのです。

3 投資で成功したいなら、コミュニティに入りなさい

メリット1　ネットでは得られない細かい情報が得られる

前項で述べたノウハウコレクターにならないためにはどうすればいいでしょうか。その答えは、ずばり「**コミュニティ**」です。

ここで言うコミュニティとは、「共通の目的を持ったうえで、互いの持っている情報を惜しみなく与え合うことのできる集団」のことです。

コミュニティのいいところは、まず、**既に投資経験のある様々な人たちのリアルな話が聞けるところ**です。様々な角度から経験談を聞けるというのは、インターネットや書籍などで情報を得るのとはまったく違う体験となります。

他にも、相手がどんな投資をしている人か、目の前にいるのでわかりやすく、細かい点まで質問ができて気になる問題を解消することもできます。これは、リアルに会っているからこそできることです。

投資のノウハウというのは、たとえ100のノウハウがあったとしても、実際に使えるのはそのうちの二つか三つです。

わかりやすい例として、ダイエットを例に考えてみましょう。

ダイエットには、肉を食べて痩せる、糖質を制限して痩せる、一日一食で痩せる……など、様々な方法が氾濫《はんらん》しています。ダイエットで検索すれば、「こうすれば痩せられる」という情報がいくらでも入手できます。

ダイエットに興味があり、こういった知識に妙に詳しい人がいます。「食事前にいっぱいお水を飲むといいよ」「野菜はいくら食べても大丈夫だよ」など、次から次へとうんちくが出てくるのですが、実はその本人はたいして痩せてはいない、なんてことも多いですよね。

肉で痩せると言われても、本人が肉を好きでなければ無理ですし、パンやご飯が大好きな人に糖質制限は向きません。

こんなふうに、知ったところで自分には使えないという情報が、この世にはたくさんあるのです。そのような雑多な情報の取捨選択を助けてもらえるのもコミュニティの利点の一つです。

メリット2　価値観や目的が同じ人と切磋琢磨できる

コミュニティの二つ目にいいところは「**同じ価値観や目的の人がたくさんいる**」ということです。投資に過剰な不安を持っている人は案外多いもので、私のやっている不動産投資に至っては、たいていの場合、家族や友人から反対を受けます。「借金をしてまで不動産を買うなんてとんでもない！」と。それが原因でやる気を失って、あきらめてしまう人も多いのです。

家族や友人は、好意からアドバイスしてくれているのですが、向いているベクトルが違うため、話がかみ合わないケースも少なくありません。そんなとき、お金に対する価値観や目的が同じベクトルの集団にいることができれば、せっかくの決意がぶれることはありません。

4 よいコミュニティ・悪いコミュニティの見分け方

フェイスブックやブログが判断基準になる

「コミュニティが大事なのはわかったけど、コミュニティのよしあしはどうやって見分けたらいいのですか？」時々、こんな相談を受けることがあります。

世の中には、自社の商品を売ることだけを目的としたコミュニティや、当初の目的からだんだん外れていってアヤシイ方向に連れて行くコミュニティなども実際に数多くあります。そのようなコミュニティにだまされないようにするためには、**そのコミュニティの活動あるいは主宰者の発言や行動に、「一貫性」があるかどうかをしっかり見極める必要があります。**つまり、彼らが発信して

図12　いいコミュニティかどうかを見極める方法

① コミュニティの活動に一貫性があるか？

② 主催者の発言、行動に一貫性があるか？

③ 初期の頃と勧めている商品や売っているものが変わっていないか？

④ 主要メンバーがころころ変わっていないか？

⑤ コミュニティの目的が変わっていないか？

いる情報と実際の活動とが合致しているかどうかを確認すればいいのです。

最も簡単な方法は、フェイスブックやブログで過去の履歴を閲覧することです。コミュニティを運営している人は、たいていSNSで情報発信をしているはずです。フェイスブックやブログは時系列でその情報を読むことができるので、一貫性があるかないかがすぐにわかります。

初期の頃に勧めていた投資商品と現在勧めているものが違っていたり、一ヶ月間で主要メンバーがころころ変わっていたりするのは危険信号です。コミュニティの目的が変わっているのも要注意です。スタート時から一貫して変わっていなければ、合格です。

いいことも悪いこともひっくるめて、過去の発言が現在に至るまで一貫していれば問題ありません。ポンといきなり現れた人や突然動き出したコミュニティにすぐに飛びつくのも注意が必要です。過去があって今があるはずなので、ある程度の実績がある、時間につれてどんどんメンバーが増えているなどは、いいコミュニティを見つけるときの大切なチェックポイントになります。

迷ったときは、前ページの図12を参考にチェックしてみてください。

5 一匹オオカミでは成功できない理由とは？

出会う人の数と質が結果を決める

何事も自分で決めて行動したいという、いわゆる一匹オオカミ的なタイプの人は、「投資に成功するにはコミュニティが必要ですよ」といくら伝えても、なかなかピンとこないようです。

そういう人は、せっかく自分が発見したいい情報やノウハウを他人に教えてしまったら、自分の競争相手が増えて、結果的に自分が損するのではないかと考えるようです。

私も投資を始めた頃は、コミュニティが必要だという感覚はありませんでした。しかし、不動産投資家コミュニティに参加して、よくよく他のメンバーの行動や成果を見てみると、あることに気づきました。

同じ属性、年収、自己資金、年代の人であっても、みるみる成果を上げる人もいれば、まったく成果が出ない人もいます。勝ち組と負け組がはっきり分かれて二極化しているといってもいいぐらいです。しかももっと不思議なことに、年収や資金力があって属性が高くても、なかなか成功できない人もいれば、その逆に、年収が低く、資金がまったくない超初心者でも大成功する人もいるのです。

なぜそうなってしまうのだろうとじっくり観察しているうちに、「コミュニティに積極的に関わっているかどうか」によって結果が大きくわかれていることに気づきました。

成功するためには、コミュニティの人と深くしっかりと自分から主体的に関わりを持つことが、実はとても重要なポイントなのです。

まったく条件が同じでも、ノウハウやお金の量が同じでも成果が違ってしまうのは、**関わる人の数や質が違うからです。**

たとえばビジネスで考えてみてください。ビジネスで大きな成功を手に入れようと思うなら、自分自身のビジネスをその分大きくしていく必要があると思います。そのためには多くの人と出会い、打ちとけ、信頼し合ってはじめて、ビジネス成功のチャンスは拡大していきます。

投資の世界も同じです。意志を持って多くの人と関わりを持ち、さらに関わった人たちのパワーを受け取ろうとすることが、成功の秘訣なのです。

6

早く結果を出したければ、メンターを探しなさい

「その人の真似ができそうかどうか」で判断しよう

あなたにピッタリのコミュニティが見つかったら、次にやるべきことはメンター探しです。

メンターとは、「先生」とか「師匠」に代わる言葉ですが、ここでは「**相談相手**」のほうがイメージに近いと思います。私の中でのメンターは、「自分の2～3年後の理想像をすでに実現している人」のことを言います。学生時代の部活動を思い出してください。たとえて言うなら、コーチや顧問ではなく、一年上の先輩をメンターとするイメージです。

自分と似たような状況で、少し先を進んでいる人を見つけてメンターになってもらいましょう。投資も仕事と同じで、前を進んでいる人、成功している人の真似をするのが上達への一番の近道なのです。ただし、その際に大切なのは**「自分がその人の真似を忠実にできるかどうか」**ということです。年齢が大きく違ったり性別が違ったりすると、同じことをやろうと思ってもできません。**メンターを定めた場合は、その人の真似ができないと意味がないのです。**

よく、その世界のカリスマ投資家をメンターにしようとする人がいます。しかし、この場合には、大成功を収めている人と自分とのギャップがありすぎて、その人の考え方ややり方を真似できない場合がほとんどです。むしろ、**自分よりも一歩先を進んで「プチ成功」しているぐらいの人をメンターに選ぶことが成功のポイントです。**

私のメンターは、前述の友人Aでした。不動産投資を始めたものの、情報を集めてばかりでなかなか行動に移せない私を見かねて、友人が「買おうと思っている物件があるから、一緒に見に行かないか？」と誘ってくれたのです。二人で一緒に物件を見て、さらに業者とのやり取りまで間近で見ることができたのは、とても大きな経験となりました。自分にも本当に買えるのではないか？と自信のようなものが生まれたのも、このときの経験のおかげです。

その後、友人が懇意にしている不動産業者から物件の紹介を受けて、ついに第一号物件を購入することができました。

友人Ａは私と同じく技術職のサラリーマンで入社年次も同じ、しかも投資に関してはほんの一歩先を進んで成功しているという、理想的なメンターだったのです。


理想的なメンターを探す際の基本的なチェック項目は、次の５つです。

①年齢
②性別
③職業（営業職か技術職か、クリエイティブ職か、など）
④資産背景（年収や貯金額が近い、など）
⑤目的

バックボーンがまったく違う人の真似はできませんので、最低限この5項目について共通しているかどうかを確認してください。

まず①の年齢については⑤の目的ともリンクしますが、**将来の人生設計が共通しているかどうか**です。20代の人と50代の人ではおそらく大きく違うでしょう。もちろん年齢が同じでもまったく違うということもありますので、それは目的のところで確認しましょう。

②の性別も結構重要です。性別が異なることによって、投資の考え方や注意の向け方が異なる傾向があるからです。

たとえば男性は、投資をするうえで、理論や投資収益率などの数字を重視する傾向があります。一方、女性は自分の直感やセンスを重要視し、これだと思ったものには素早く意思決定して行動できる傾向があります。

③の職業も大きなポイントです。業界、会社規模、職種、役職、資格などができるだけ近いメンターを探してください。

④の資産背景というのは、**貯金がどのくらいあるのか、年収はいくらか**ということです。これが似通ってないと、真似しようにもできません。年収300

万円の人が1000万円の人の真似はできませんし、貯金がゼロの人は、同じようにゼロの人の経験を学ぶことが重要なのです。

⑤の目的というのは、**「いつまでにお金がほしいのか」「いくら、お金がほしいのか」**の2点が代表的なものです。これらが似ているなら十分、あなたのメンターになる素質があります。お金がほしいのは今すぐなのか、将来なのか。その金額はどの程度なのかということです。**目的の確認は、リスク許容度の確認でもあります**。投資のリスクをどこまで取れるかの覚悟が自分と同じ程度の人をメンターに選ばないと、いつかその投資のリスクが顕在化したときに大変な目に遭ってしまいます。

自分と似ているメンターを持つメリットとは?

自分と似ているメンターを持つメリットは、**メンターのやっている方法であれば、自分にとっても再現しやすい**ということです。共通点が多ければ、投資に使える金額の幅も似ている可能性があり、参考にしやすいものです。

共通点がまったくない人の真似はできないというのは、この点です。「あの人は次々と結果を出しているのに、なぜ自分は結果が出ないのか」と嘆いてみても、年収や貯金額、年齢や職業が違っていたら、それは結果が出ないとしても、仕方のない可能性が高いのです。

つまり、投資におけるメンターというのは単に尊敬できる人ということではありません。**「同じ目的で」「同じやり方ができる」人のことなのです。**

コミュニティの大切さについては前述しましたが、自分のメンターになるべき人がいない場合は、すぐに他を探したほうがいいでしょう。自分が目指している道を少し先に進んでいる人、なりたい姿に一歩先に近づいている人がいるかどうかが、コミュニティを選ぶ際に最も重要なポイントです。

メンターに出会うためには、いろいろなコミュニティに参加していろいろな人たちの話を聞いてみてください。成功者の体験談を聞いて、それを自分に置き換えて考えます。たとえば、あなたが貯金の少ないサラリーマンなら、「貯金ゼロから始めてサラリーマンでも成功している」という人の話が参考になると思います。

7 メンターや経験者のアドバイスは忠実に「コピペ」しよう

メンターのやり方をそのまま真似する

メンターを見つけた後に、どんなふうに教えを請えばいいのか、真似をすればいいのか、それは一言で言うと、忠実に「**コピペする能力**」です。

私が不動産投資の世界に入るきっかけになったのは学生時代の友人Aだったことは前述しました。彼の雰囲気に何か魅かれるものを感じて勧められた投資に関する本を何冊か読み進むうちに、「やってみたいな」と思うようになっていったのです。

とはいえ、すぐに行動に移せたわけではありません。メンターとなる友人A

がいたからこそ、投資というアクションに移ることができたのだと思います。

このときの私と友人Aの関係の中に、メンターと接する際の心構えのヒントが隠されていますので、紹介したいと思います。

メンターから何を教わり、何を真似するか？

最初の頃、私はメンターである友人Aが実際に経験してきた不動産投資の話をたくさん聞かせてもらいました。

不動産投資を始めて約2年。メーカー勤務で年収は私とほぼ同じくらい。20代半ばで貯金はほとんどゼロ。そんな状況ですから、最初は不動産会社も物件情報をすんなりとは出してくれず、実際に不動産を買えるようになるまでには2年以上もかかったそうです。

そんなに苦労をしないと買えないのなら、自分も同じようにゼロから苦労をしても、同じ時間、あるいはそれ以上の時間がかかってしまいます。そこで、中途半端な知識で自分なりの解釈を入れたりはせず、素直に友人Aのやり方をそのまま真似してみようと決心したのです。そのことが結果的に、非常に短期間で大きな成功を私自身にもたらしてくれました。

この、素直に忠実に真似をする能力のことを「コピペ能力」と呼びたいと思います。**はじめて投資を行う人は、メンターのやり方を完全にコピペするのが正しい態度です**。たいていの人は、そこに自分のこだわりを反映させてしまいます。しかし、それをぐっと我慢して完全に真似をしたほうが、結果も早く出るのです。

ビジネスでも同じだと聞いたことがあります。ビジネスで成功する人はみんな真似をするのが上手だと。武道でも「守破離」と言われるように、最初は師匠の真似をできるかどうかが何事においても上達の秘訣です。

次に大切なことは「**素直に話を聞く**」ということです。経営の神様・松下幸之助氏の一番好きな言葉も「素直」だということですが、**自分より先を行く人をメンターと決めた以上は、その言葉には素直に耳を傾けましょう**。そこには、失敗の上に構築された智恵がたくさんあるはずです。自分の代わりに先に失敗をしてくれたわけですから、ありがたく受け取るのが賢明です。

そして最後に、**メンターの教え通りに愚直に実践する**ということです。私の場合も、行動に移して一件目の物件を買ったことで大きく道が開けました。

心得1　メンターのやり方を忠実にコピペするべし
心得2　メンターの話を素直に聞くべし
心得3　メンターの教え通りに愚直に実践すべし

みなさんも、自分にふさわしいメンターに出会って、この心得を忘れずに成功への第一歩を踏み出してください。

次の章では、私の人生を大きく変えるきっかけとなった不動産投資について、もう少し詳しく解説していきます。不動産投資を始めるにあたって、成功するために必要なものは何か、その秘訣について明らかにしていきます。

第3章まとめ

① 情報やノウハウに頼りすぎず、まずは何かアクションを起こそう

② ノウハウを集めるのをやめて、少しでもリターンを得に行こう

③ 投資で成功したいなら、自分に合うコミュニティに入ろう

④ SNSを見て情報に一貫性のないコミュニティには気をつけよう

⑤ 結果を出したければ、コミュニティの人と主体的に関わろう

⑥ 自分の少し先を進んでいるメンターを見つけ、真似しよう

⑦ メンターの言うこと、話すことは忠実にコピペしよう

第4章

不動産投資で
結果を出す秘訣

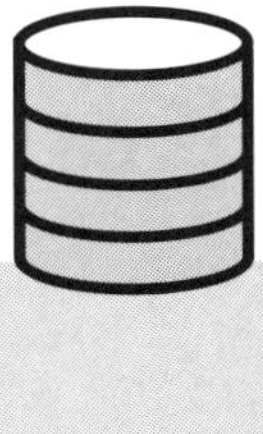

1 ほとんどの人が誤解している不動産業界のからくりとは？

「不動産オーナー」と呼ばれる人たちはどんな人たちなのか？

この章では、いろいろな投資がある中でも、私自身の人生を大きく変えたきっかけであり、あなたにも自信を持ってお勧めできる不動産投資について、さらに詳しく見ていきます。

不動産投資というと、一般の人からすると、お金持ちや不動産屋などの一部のセレブのみができるものというイメージがあります。「不動産投資家」、「大家」など様々な呼び方がありますが、実際に不動産投資を行っている人たち、いわゆる「不動産オーナー」とは、どんな人なのでしょうか。

図13　不動産オーナーの3つのカテゴリー

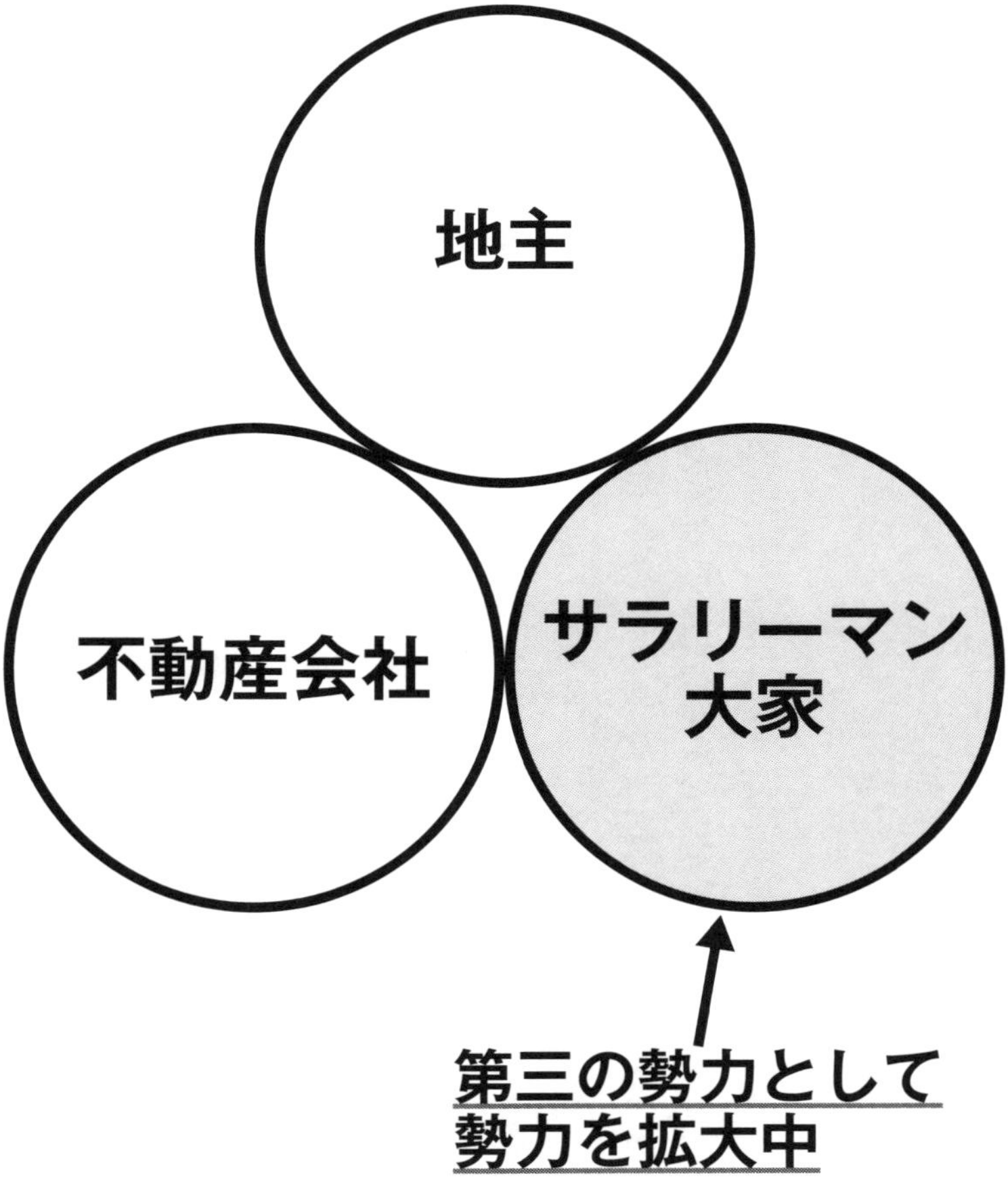

不動産オーナーと呼ばれる人たちは、前ページの図13のように、大きく三つのカテゴリーにわけられます。

一つ目は、「**不動産会社**」です。三井不動産や三菱地所など、大手不動産会社や地場の不動産会社などもここに入ります。

二つ目は、「**地主**」です。もともと代々の資産家で土地持ちであったり、古くから地元の名士であったりする人たちです。

そして第三の勢力が、本業としてサラリーマンをしながら、副業として大家業を行う「**サラリーマン大家**」と呼ばれる人たちです。ゼロからスタートして、不動産を買って資産形成をしている人たちです。

十数年前までは、オーナーのほとんどが不動産会社か地主でした。サラリーマンでも、自己資金がそれほどなくても銀行からお金を借りれば不動産オーナーになれることがわかったのは、まだ最近のことなのです。

不動産投資家のコミュニティとは？

不動産投資家のコミュニティの中には、私たち一般庶民とはまったく違う人たちばかり集まっているものもあります。歴史のある大家の会やオーナーズクラブなどは、元来が資産家なので、「資産を守る」という姿勢で活動をしています。税金対策や相続対策などの情報交換をしていることが多いでしょう。

一方、サラリーマン大家は、もともと資産などなくゼロから始めた人が多いので、その投資スタンスは基本的に、ディフェンス（守り）ではなくオフェンス（攻め）です。いわば「これから資産をどんどん増やすぞ」という人たちなのです。私の知り合いで、実際にサラリーマンをしながら、5年間で17棟の不動産を購入したという人も知っています。

そのため、不動産投資成功のためには、まずは、**自分の目的に合うコミュニティを見つけること、次にそこで自分と似た属性で成功しているメンターを見つけることが、不動産投資の成功にあたっては欠かせないのです。**

「銀行」が頂点！　不動産業界のヒエラルキー

次にもう少し広い視点から、不動産業界全体について見ていきます。

不動産業界というのは、図14のように、他の業界と違って特殊な構造をしています。一般の業界は、通常は三層のヒエラルキーになっています。「お客さまが神様」という言葉で表される通り、①に「消費者」、②にスーパーマーケットなどの「流通」、③に「メーカー」が占めています。③のメーカーは、モノがあふれている社会においては常に「品質がいいというだけではダメ、価格も安くなければ売れない」という大変な状況になっています。一方、流通業者は消費者に直接関われる流通販売網を持っていることで、メーカーに対して非常に強気で、力を持っているケースが多いようです。

それに対して不動産業界では、全体が四層構造になっています。消費者にあたる「買主」が、図で言う④に位置しています。③の位置にいるのが売主と買主との仲介を行い、いわゆる流通を担当する「不動産業者」、②が物件の供給者（すなわちメーカー）である「売主」、頂点の①の位置にいるのが銀行などの「金

図14　不動産業界のヒエラルキー

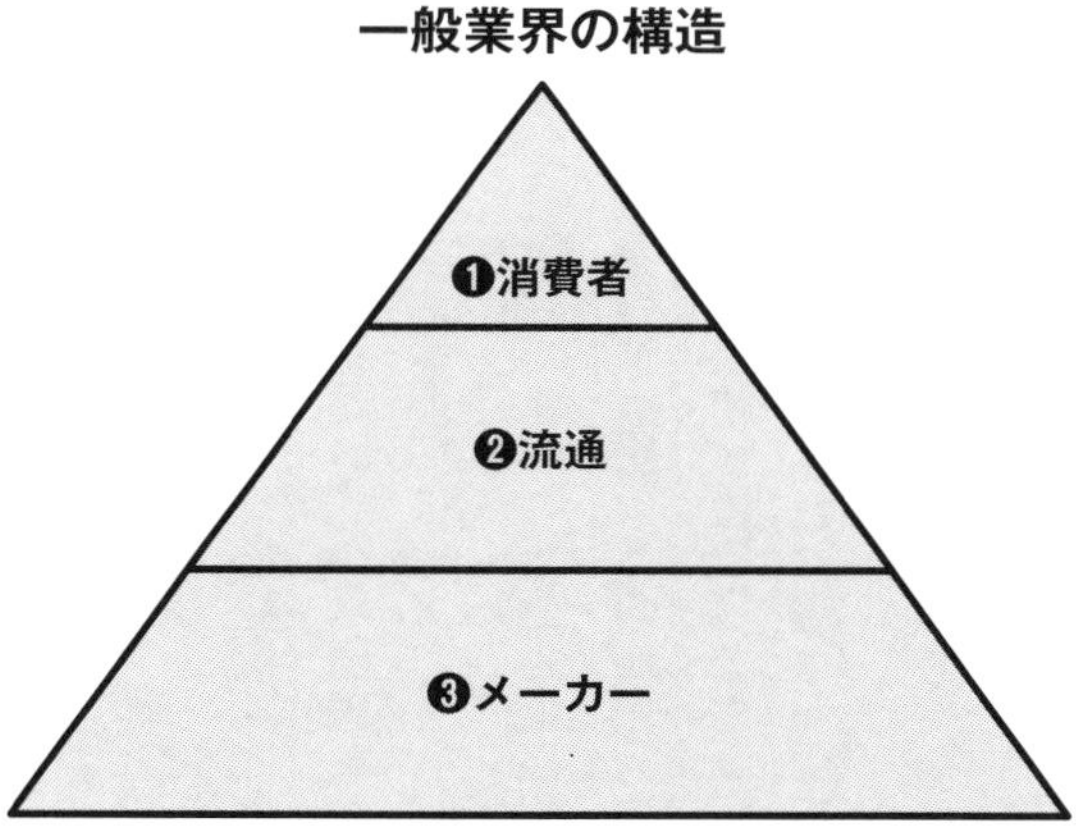

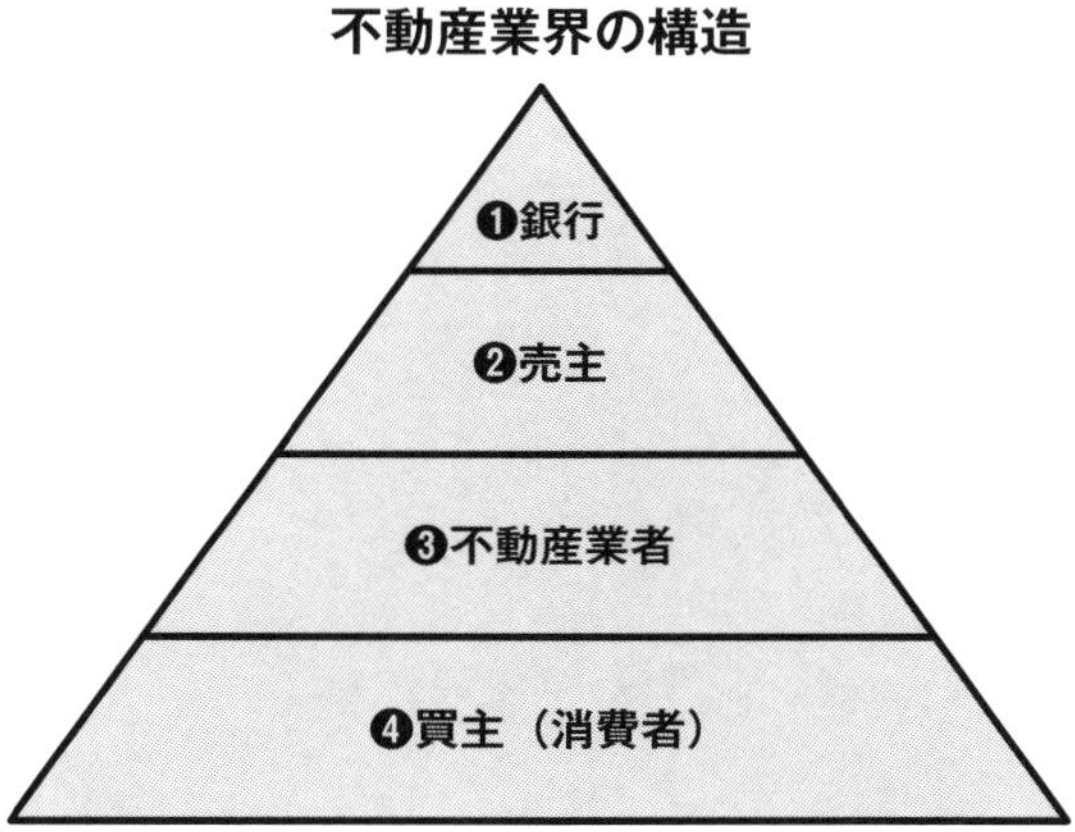

融機関」です。不動産業界においては、消費者は神様でもなんでもなくて、ヒエラルキーの最下層に位置する存在です。一般の人からすると、そこに世間一般の常識とのギャップがあります。

不動産業者に「俺はお客だ」みたいな態度をとろうものなら、まったく相手にされなくなります。不動産業界において買主は、不動産業者に対して、どちらかと言うと「お願いだから情報をください」という立場ですし、売主に対しては「どうぞ売ってください」、そして銀行に対しては「お金を貸してください」と頭を下げてばかりというのが現実なのです。

不動産業界の頂点にいるのが銀行です。なぜなら、そもそも銀行が売主、買主双方の資金を供給する立場であり、不動産関係者に絶大な力を持っていて、不動産売買の「売り」にも「買い」にも、重要な立場で必ず絡むからです。

たとえば「競売《けいばい》」というケースがあります。これは、不動産を担保にして銀行からお金を借りている人が、月々の返済ができなくなってしまったときに、金融機関が強制的に売却するというものです。

担保を設定している金融機関は、一定の期間を経た後であれば、独自の判断のみで勝手に売り払うことができるのです。これは、資金を供給する立場にいる銀行だからこそできることでしょう。

あなたがもし、不動産投資でいい情報を得たいと思っているのであれば、不動産業者からお客様気分で待っているだけでは、いい情報は回ってきません。かといって、「買ってやる」という偉そうな態度では、せっかくの情報を逃してしまうことになります。**不動産物件というのは、量産できる工業品とは違い、限りあるものであり、かつそれぞれが唯一のものなので、供給側の力が強くなってしまうものなのです。**

これから不動産投資の世界にどっぷり入っていこうと思う方は、不動産業界のこのようなからくりも知っておく必要があります。

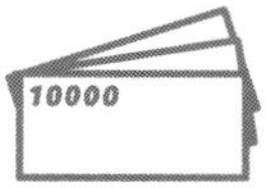

2 不動産投資は、他人のお金を使ってできる唯一の投資

自分のお金を使わずにできる魅力的な方法

世間一般のイメージでは「不動産投資はお金持ちのすることだ」と思われています。ビジネスで成功した人が、稼いだお金で不動産を購入しているというふうに受け止められているのです。

ですが、不動産オーナーは、実際には自分のお金を使ってはいません。たとえば1億円の不動産を、1億円のお金を使って買っているわけではないのです。

1億円の不動産を買うとき、多くのオーナーは銀行から1億円の「借金」をします。利回りが5％程度あれば、その借金は単純計算で20年あれば返せます。

1億円 × 5％＝5００万円
1億円 ÷ 5００万円＝20年　※実際には税金の支払いなどが必要です

それまではお金持ちの人たちだけがこのことを知っていて、自分のお金を使わずにさらにどんどん資産を増やしていました。

ところが、自分のお金を使わずに不動産投資ができるということが、サラリーマン大家の裾野が広がるにつれ、また、ブログやSNSなどのインターネット情報の普及の影響もあり、世間一般にもだんだん知れ渡ってきました。最近の不動産投資熱は、このことが大きな原因の一つだと思います。

家賃収入がローン返済額に見合っていて、かつ不動産の評価が高ければ、銀行は全額融資（フルローン）をしてくれます。この点が、実はあらゆる投資の中で不動産投資だけが持っている最大の魅力です。

株式投資をやりたいからといっても、その資金を融資してくれる銀行はありません。FXにしても証拠金によるレバレッジはありますが、同じです。

現在それほど自己資金のない人が不動産を購入するためには、不動産の購入資金を全額借り入れることができる、不動産投資ならではのこのメリットを使わない手はありません。つまり、そういう全額融資可能な物件を見つけさえすれば、**自分のお金をまったく使わなくても手に入れることができるということです**。また、購入した後も管理などは管理会社に外注することができます。**自分で動く手間をとことん少なくすることが可能なのです**。

重要なのは、その仕組みを知っているかどうかだけです。さらに、そのような物件の見極め方を学ぶか、あるいは見極められる人を味方につけることができればいいだけなのです。

どうでしょう。こうなってくると、不動産投資は他の株やFXのような高度なセンスが求められる投資とは違い、「できるかできないか」で言うと、誰にでも「できる」投資であることが理解できるのではないでしょうか。

あとは「やるかやらないか」だけです。このときに強いのが「明確な理由のある人たち」です。**やりたい理由を持っている人たちは、確実に一歩を踏み出し、成果を上げています**。

3 銀行員は「誰に貸すか」より「どんな不動産に貸すか」を見ている

不動産投資が誰でもできる理由

不動産投資をまったく知らない人なら、誰もが最初に驚くのが「なぜ自己資金を使わず数千万円、数億円の不動産が買えるのか？」ということです。一般の常識から考えるとあり得ないことです。そしてこの点がまさに、私が「不動産投資は誰にでも可能である」と公言し、自己資金が十分にない人こそ不動産投資をすべきであるとお勧めする理由でもあるのです。

投資用不動産のために金融機関が貸してくれるお金は、実はあなた自身に対して貸したお金ではありません。契約上、借主はあなたですから、返済義務もあなたにあります。それは間違いのない事実なのですが、金融機関が期待しているのは「あなたが働いて返済する」ことではなく「不動産が稼いで返済してくれる」ことです。そして万が一返済できない状況になったときは不動産を売却して、残債をきれいにしてくれればいいと考えているのです。

つまり、**借りる人の属性よりも、担保となる不動産のほうを重視するケースも多々あるのです。**その場合、銀行が見るのは「誰に貸すか」よりも「**どんな不動産に貸すか**」ということなのです。

このことは、不動産に詳しいお金持ちや銀行員にとっては当たり前の常識なのですが、世間一般からすると、何度説明しても自らが体験しないと信じられないという人が多いようです。世間と不動産業界との認識と大きく違うところなので、それもいたしかたありません。

くり返しになりますが、投資用不動産に融資が下りるかどうかは、その物件が銀行にとって魅力的かどうかに関わっています。その点さえクリアできれば、お金持ちや属性が高いと言われている人でなくても不動産の購入は可能ですし、実際に購入している人たちはたくさんいます。私が不動産投資は誰にでもできるというのは、このような背景があるからなのです。

ゼロから不動産オーナーになった三人の事例

ここで、三人の事例を紹介しましょう。

一人目は中堅メーカー勤務の20代後半の男性です。会社の業績不振により、自分がやりたい仕事ができなくなるかもしれない不満を抱えていました。さらに最悪の場合はリストラされてしまう可能性もあり、将来についての不安で目の前が真っ暗になったそうです。この状況を抜け出すためには、何よりもお金の不安をなくすことが先決と投資についての勉強を始めた中で、不動産投資を手掛けていた同年代のサラリーマンと出会い、不動産投資をスタートすることにしました。

自己資金は約３００万円、当時の年収は５５０万円。最初に購入を検討したのは中古のワンルームマンションです。不動産会社の紹介で「サラリーマン向けのアパートローンを扱う銀行」から融資を受けて購入しました。購入に踏み切るまでには一ヶ月間悩みに悩み抜いたと言います。ですが、この投資によって毎月2万円程度の副収入を得ることができ、しかも「ほとんど手がかからない」ことに気づくと、次はもっと大きな物件に投資したくなり、一棟アパートの購入を決意。ワンルームマンションの購入から1年後に、念願の一棟アパートを購入しました。その後所有物件数を増やして、現在では3棟のマンションと区分2戸を所有。家賃収入で月に100万円以上を稼いでいます。

サラリーマンのように定職や給与収入がなくても成功した事例があります。50代後半の専業主婦の女性です。夫はサラリーマン、一人娘は大学生です。娘が私立の大学に入り、授業料などの教育費の負担が増えました。その一方で、夫の給料は会社の事情で思ったように増えないという状況になり、老後の生活のための貯金を切り崩す事態に陥りました。このままでは老後の生活が非常に不安だとパートに出てみたものの、本人も身体がそれほど丈夫ではなく、月に数万円の収入を稼ぐのがやっと。そんな中、藁をもすがる思いで不動産投資セミナーに参加したのがこの世界への第一歩となりました。

図15　不動産が誰でも購入できる理由

●借りる人の属性 < 不動産の価値

●銀行側の視点として
「どんな不動産に貸すか」が重要

↓

お金持ちでなくても購入できる！

パートの専業主婦という立場で、まさか高額な不動産ローンが組めるとは思いもしなかったそうですが、図16に紹介する日本政策金融公庫のシニア起業家支援資金を利用して物件購入費用のフルローンに成功、セミナー参加からたった3ヶ月で一棟アパートのオーナーになることができました。

この物件のおかげで家賃収入が月にプラス20万円となり、今では安心して老後の生活を夢見ることができるようになったそうです。

最後の事例は、ちょっと驚かれるかもしれませんが、22歳の女子大学生です。大人としては非常に耳が痛いことなのですが、彼女は「この国や社会に期待が持てない。組織に就職はしたくない。一人でも生きていけるような手段を見つけたい」と常日頃から考えていました。インターネットビジネスを始めてみたりもしたのですが、手間がかかる割には得られる収入が少なくて、またいくつかトラブルに遭遇し、やめてしまいました。アルバイトで稼いだお金をつぎ込んで挑戦したFXにも失敗、模索する中で最終的に出会ったのが不動産投資でした。「これは、自分に向いている！」と大いにやる気になったのですが、残念

図16　女性、若者／シニア起業家支援資金の概要（日本政策金融公庫）

項目	一般	女性、若者／シニア
用途	新たに事業を始めるため、または事業開始後に必要とする資金	
対象	男性、30 ～ 54 歳	女性、または、30 歳未満か 55 歳以上
限度額	4,800 万円	7,200 万円
基準利益	2.3%	1.9%
期間（目安）	10 年	15 年

ながら、学生で無職の人は、不動産投資のためのお金を銀行などの金融機関から借りることはできません。それでもどうしてもやりたい！　という決意は変わらず、家族を巻き込んで法人をつくり、日本政策金融公庫の女性創業支援制度によってフルローンを実現。不動産オーナーへの第一歩を踏み出すことに成功しました。

4 フルローンの融資がつく物件とは？

不動産の価値を決める方法

フルローンの融資がつく物件とはどうやって見つけるのでしょうか。ここで基本的な不動産の評価の仕方を勉強しておきましょう。

不動産の価値を決める評価方法には二つのアプローチがあります。

一つは**積算評価**です。

これは、「**土地と建物の価値はいくらなのか**」ということです。建物はいくら立派なものが建っていても、古くなるにつれて価値は目減りしていきます。ところが土地は、いつまでも不変の価値を持っています。この土地の価値に対する評価が高い物件は、フルローンの融資がつく可能性があります。

もう一つは、**収益評価**です。

投資用不動産にとって大切なことは「**どれくらい収益が上がるのか**」ということですから、儲かる金額で価値も決まります。

融資を依頼された銀行は、この両面で不動産の価値を判断します。融資を実行した場合、毎月の返済が発生するので、その返済額を家賃収入でまかなうことができるのか、というのが一つ目のポイントです。次に、万が一何らかの事情で返済ができなくなった場合、その不動産を売却して残債を一括返済してもらう必要があります。そのために、土地と建物の価値が重要なのです。

この二つをあわせ持つ、つまり積算評価と収益評価の優れた物件がフルローン融資のつく物件ということになります。

当然誰もがこのような物件を狙っていますので、そのような情報を得るためにはコネクションや実績が必要になります。一から始めて一人で到達するには相当な時間と労力がかかるでしょう。やはりこの点においても、情報と人脈を持つコミュニティがいかに重要か、理解してもらえるのではないでしょうか。

5 不動産投資によってどんな未来を描くか？

実現したい未来を目に見えるものに落とし込もう

不動産投資は、不動産の知識がまったくなくても、自己資金がまったくなくても、誰にでも始められる投資法であることを理解してもらえたのではないかと思います。

ここからは、次の段階として、目標としてどこまで目指せばいいのかについてヒントをお伝えします。

一例として、私の所属する不動産投資家コミュニティのメンバーが目指している目標と、そこに至るまでの具体的なプラン、すなわち、目標達成のための道筋を紹介します。

私たちのコミュニティでは、メンバー全員が「5年から10年で現金1億円をつくろう」という目標を共有しています。1億円の現金をつくるのは、一般のサラリーマンの給与だけではかなり難しいことだと思います。

たとえば現在年収400万円だった場合、全額を貯金しても25年かかることになります。実際には家賃や食費などの生活費、子どもがいるなら教育費などの出費があるわけですから、一生かけても、1億円に到達するのはほぼ不可能だと言えるでしょう。

ところが、不動産投資を活用すれば、この不可能を可能にすることができるのです。実際に、仲間うちからは次々と成功者が出ています。

では、具体的にどうすればいいのでしょうか。

まず大切なのは、**現在から将来に渡る具体的な数値目標を立て、目に見える形で落としこむことです**。図17をご覧ください。

5年から10年後に1億円を獲得するためには、図のような4つのステップを

図17　現金１億円獲得のためのロードマップ

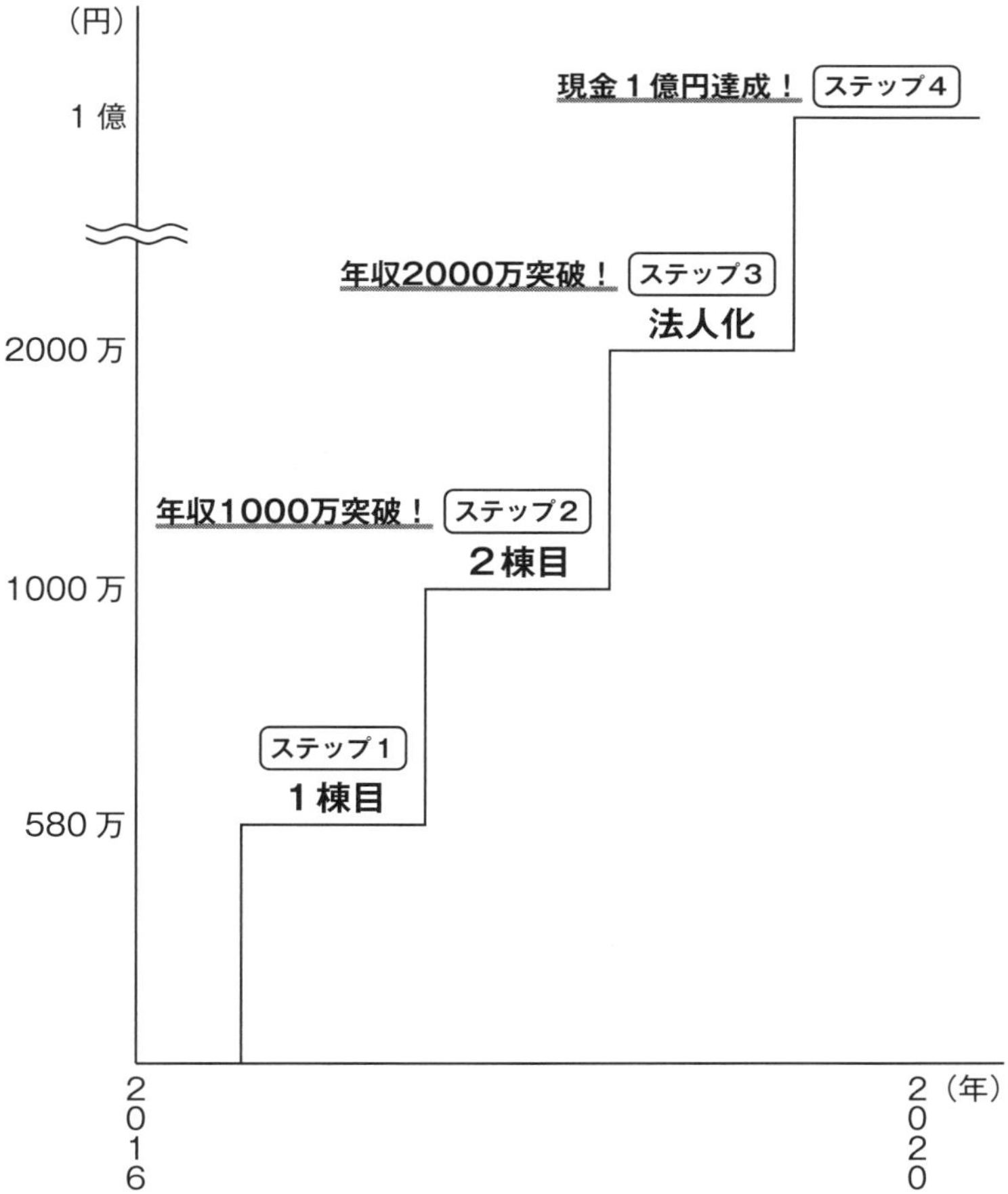

※このロードマップはあくまでもモデルプランです。すべての属性・収入の人がこのプランに当てはまるわけではありません。

確実に踏んでいくことが大切です。

第2章で説明したように、不動産投資というのは、銀行からの借り入れを使ってレバレッジをかけることで、大きな資産を持つことができます。

また、**不動産を持つことで「家賃収入」という継続的な収入を得ることができるので、太いお金の流れをつくることができるのです。**

ステップ1　1棟目の物件を購入する（6室くらいの一棟アパート）

ステップ1は、まずは物件を購入することです。何よりもまず不動産オーナーにならなければ、何も始まりません。この最初の物件できちんと成功することが、この先の目標を実現するためにはとても大切です。しっかり不動産について学び、次のステップにつながるような優良な物件を選ばなければなりません。

はじめての物件は、小さめの一棟アパート（6室くらいあるアパート）がお勧めです。金額は3000万円くらいまでを目安にしましょう。これで、月額15万円程度の家賃収入を確保します。単純に計算して、12ヶ月で1800万円の家賃収入になります。家賃収入が得られるようになるのとともに、不動産投資家としての経験も得られます。

ステップ2　2棟目の物件を購入する（20室くらいの一棟マンション）

ステップ2では、ステップ1で購入した物件での経験を活かして、一棟マンションの購入を検討しましょう。価格は1億5000万円くらいがいいと思います。この2棟目の不動産を購入するときに大事なことは、1棟目の物件購入によって得た家賃収入（自己資金）をできるだけ使わないことです。**常に、目いっぱいの融資額を「銀行から借りる」ようにしてください。**

なぜ、自己資金を使わずに目いっぱいの融資額を受けるかというと、この段階で自己資金を使ってしまうと、賃貸経営をしていくうえで発生するかもしれない大規模修繕などの不測の支出に対応できなくなる可能性があるからです。

また、3棟目、4棟目と物件を増やしていくうえで、自己資金がないと、購入し続けることが難しくなります。言い方を変えれば、銀行がフルローンに近いくらいの金額を融資してくれる物件だけを選んで購入するということです。

２棟目の物件が購入できれば、その時点で給与と家賃収入の合計が１０００万円くらいになっているはずです。順調であれば、ここまで3年くらいでたどりつくことができます。

不動産投資では基本的に、このようにしてどんどん物件を購入していきます。しかし、個人の信用でお金を借りるやり方では、おのずと上限があります。金融機関によって差はありますが、多くても年収の30倍くらいまでと制限されているはずです。それを超える金額の物件を買うためにはどうすればいいのか？

ここで、ステップ３の「法人をつくる」ステージを迎えます。

ステップ3　法人をつくる

法人をつくれば、個人のときのような借入額の制限はありません。**信用さえあれば、銀行というのはどんどんお金を貸してくれるところなのです。**

このとき信用のベースとなるのが、個人で購入して運営している1棟目、２

棟目の実績です。購入した不動産が収益を生まない物件だと判断されると、銀行は融資をしてくれません。1棟目の見極めが大事というのは、ここにつながるからでもあります。

法人をつくり、これまでの実績が認められて信用がつけば、3棟目以降はどんどん融資を受けて物件を購入し、太いお金の流れをつくることができます。

あるサラリーマン大家の知人はサラリーマンを続けながら、5年間で20棟以上を購入し、年間収入が3億円あると言います。もちろん、融資を受けていることは事実なので返済も必要ですが、これだけの家賃収入があれば、サラリーマンを辞め、専業大家になっても十分豊かに暮らしていくことができます。

ステップ4　得たお金を使う（売却する、生活資金としてさらに貯める）

そして、最後のステップです。この段階では、年齢や将来どんなふうにしたいのかによってとるべき手段が違ってきます。サラリーマン大家として給与で生活し、片手間で賃貸経営をしながら家賃収入を貯蓄していけば、現金1億円も、そう遠い夢ではありません。

あるいは年齢層の高い人で、借金のリスクや物件所有の手間を解消したい人なら、不動産マーケットを見ながら売却を考えるといいでしょう。

今後、東京オリンピックの２０２０年までは不動産のマーケットは上昇するだろうという予測があります。そのため、キャピタルゲイン（売却益）を狙うことが十分に可能です。

このように、不動産投資を始めて5年から10年で現金1億円を手にすることは、やり方さえ間違わなければ、誰にとっても不可能なことではありません。

6 地方の中古物件は危険か安心か？

地方物件＝デメリットではない

資産形成までの具体的な目標とプランが決まったら、次はどんな物件を購入していくかが問題になります。現在は不動産マーケットも過熱していて、投資に見合う物件もなかなか見つからないのが現状です。

そんな中、私のところにも「どんな物件がお勧めですか？」「いい物件があったら紹介してほしい」という人がたくさんいらっしゃいます。

不動産投資を始めた人のほとんどが、都心に物件を買いたがる傾向にあります。理由としては、都心のほうが地方に比べて人口が多いので、賃貸需要もその分多く、空室リスクの懸念も少なくて安心感があるということが大きいでしょう。

また、不動産投資の初心者は、特に自分の居住地から近い場所に物件を持ちたがる傾向にあります。単純に人口比率で考えても、都心には多くの投資家がいるわけで、その分、都心物件に人気が集中するのです。

さらにもう一つ加えるなら、都心のほうが土地の価格が高いので、資産価値としてのメリットも高いと考える投資家が多いということもあります。そのため**都心の物件は競争率も高く、なかなか買うことができません。**

その点、**地方は競争相手がそんなにはいないので検討する時間も余裕があるうえ、何より利回りも高いので魅力的です。**

ただ、地縁のない場所で物件を持つことに対する不安、人口が減少している日本で地方に賃貸物件を持つことの将来的な危機感などが気になるところです。

しかし、これらの心配は、次に紹介するエリアマーケティング次第で解決できます。実際のところ、地方であることのデメリットはそんなに大きくはありません。

エリアマーケティングは必ずすべし

買いたいと思える賃貸物件を見つけたら、まずはエリアのマーケティングを行います。そのエリアはどんな特性のある場所なのか、そこに住もうとする人たちはどのような物件を求めているのかを購入前にしっかり調べます。

なぜなら、たとえ人口の減少が著しい地方都市の物件であったとしても、エリアマーケティングをしっかり行えば、十分に満室にすることは可能だからです。投資用不動産を持つということは、誰かに住まいを貸して賃料をもらい、それでローンを返済し、うまくいけば儲けが出て、収入増になるということです。地方であっても所有する賃貸物件に住みたいという人がいさえすれば、そのサイクルに乗ることができるのです。

マーケティングの方法としては、グーグルマップの「ストリートビュー」で物件の現地の状況を確認する、ウィキペディアで最寄駅の乗降人数を調べる、広域地図で学校や病院、企業の工場やショッピングセンターの有無をチェックするなどがあります。

また、不動産情報収集サイトのホームズでは、そのエリアの物件の検索件数データも見ることができます。他にも、エリアごとの空室率、つまり総戸数に対する空室の割合が確認できます（空室率は低ければ低いほど満室であるということです）。

ただ、この空室率については高いからダメ、低いからいいなどと、二者択一というわけではないことに注意してください。

たとえば二つの物件があって、一つが満室で１００％、もう一つは全室が空いていて０％だった場合、エリアの平均空室率は50％になります。50％という数字を見れば、あまりよくないように思えますが、常に１００％稼働している賃貸物件のオーナーにしてみれば、平均の数字など、何の関係もありません。

同様に、たとえば空室率が10％という低いエリアであっても、自分が購入しようと思っている物件の空室率はもっと高いかもしれません。平均の数字はエリア判断の目安にはなりますが、個々の物件の空室率には関係ありません。

最近はビッグデータが充実しているので、日本全国の各地の情報が自宅のパソコンから閲覧することができます。検討しているエリアの需要と供給の分析ができる力をつければ、地方の投資用物件は宝の山になるでしょう。

分析の際に大切なのは、**顧客志向の考え方**です。物件ありきのスタートではなく、**そのエリアに住む人がどのような部屋を求めているかを知ろうとすることが大切です**。

ここで、以前私が相談を受けた事例を一つ紹介したいと思います。

同じスペックのアパートでも、空室がまったく異なるのはなぜ？

ある地方都市に、大きさも築年数も間取りも同じ二棟のアパートが並んで建っていました。築10年、かなり広めの1Kタイプの間取りで、バス・トイレは別。仮に一つをコーポA、もう一つをコーポBとしておきます。

この二つのアパートは、もともとは地元の企業が社員寮として保有していました。事情があってその企業が手放すときに、コーポAとBをそれぞれ別々の東京在住の個人投資家が購入したのです。

コーポAは40代の女性オーナーWさん、コーポBは30代男性オーナーYさんのものになりました。

物件のあるエリア特性としては、次の点が挙げられました。

・地方都市である

・物件周辺には大手企業の工場が多い工業地帯

・最寄駅まで徒歩圏外でバス便もないため、マイカーで20分以上かかる

このエリアの家賃相場は、2万円台後半から4万円未満くらい、平均の稼働率は8割程度です。この、間取りなどの諸条件がまったく同じ双子のようなAB二つのアパートが、一方は満室（100％）稼働なのに、もう一方は15室中たったの1室（6・7％）しか埋まっていないという状況に陥ってしまったのです。

二人のオーナーの判断の何が原因でこんなことが起こってしまったのでしょうか。

それが、「顧客視点の違い」でした。

アパートを満室にしたオーナーのエリア分析とは?

男性オーナーYさんは、このエリアに住む人がどういう人なのかについて、次のように分析しました。

「駅から遠いので、車は必需品だ。また、通勤にも車を利用することになるので勤め先も駐車場がある広い工場などになるだろう。となると、ターゲットは独身で単身者の若い男性だろう。車さえ持っていれば、最寄り駅からの距離が遠いというマイナス要素は消えるから、広めの部屋とセパレート型のバス・トイレというプラス面が受け入れられるだろう」と。

Yさんは、賃貸募集をしてくれる仲介会社にもこの分析を話し、「車を持っている若い男性にどんどん紹介してください」と伝えたそうです。

一方女性オーナーのWさんは、購入時に入居していたのが女性で、かつペットを飼っていることに目をつけて次のように考えたのです。

「ペットが飼えるアパートは、近隣の地域にはそんなに多くないから、この物件はペット可を特徴として打ち出そう。広めの部屋やバス・トイレが別なのは女性にも気に入ってもらいやすいから、内装も女性好みに改装してペットを飼いたい女性を中心に案内してもらおう」

いかがでしょう。どちらが満室になったと思いますか。

正解は、男性オーナーYさんのコーポBです。ほとんどが空室となってしまったのは女性オーナーWのコーポAでした。

Wさんは結果的には、ターゲット想定を完全に間違っていたのです。

Wさんのどこが間違っていたのか、Yさんと比較してみましょう。

- **女性ならではの視点を取り入れ、入居者の対象を、女性をメインに募集した**
- **ペット可物件として募集したが、そもそもペットを飼う人というのはそれなりに経済力があるので、3万円台の物件のターゲットとは合わない**
- **このエリアの単身者向け物件が得意でない管理会社に募集をお願いしていた**

この3つの点が最大の判断ミスだったと思います。

このように、エリアマーケティングというのは大変重要です。ほとんどの大家の人たちは、感覚や習慣で賃貸経営をしていることが多いものです。そのため、エリアマーケティングを行うだけでも、稼働率を高め、群を抜いて成功することができるはずです。競合物件の中で最も高い価値をつくり出すことができれば、稼働率の低いエリアであっても、部屋は必ず埋まります。

7 都心に、利回り8％の新築アパートを建てる方法

利回り低下傾向の都心の新築物件でも、収益は上げられる！

先ほどまで中古物件のエリアマーケティングについてお話ししてきました。こういう話をすると、「結局、高市さんは地方の中古物件を勧めているのですか？」と早合点する人がいますが、そうではありません。

もう一つ、私たちが成果を上げている方法を紹介します。今度は地方の中古物件とは、まったく正反対の都心の新築物件です。完成するまでは少し手間がかかりますが、このような手法があることを知っておくと、今後、情報を探すときの視界もより広く広がると思います。

投資用不動産を選ぶ際には、たくさんの選択肢があります。場所は都心か、それとも地方か。区分か一棟か、新築か中古か。それらのいずれかが必ずしもいつでも優れた条件であるとは限りません。

何よりも大事なのは、その物件に**「賃貸需要があるかどうか」**、そして**「需要が長期間にわたって落ちないか」**ということです。

そう考えたときに思い浮かぶ条件は、やはり「都心かつ新築」ということになるでしょう。ただし、一般的には**都心の新築マンションやアパートは収益性がほとんど見込めません。**不動産の価格というのは需給のバランスによって決まるので、都心で新築という誰もが魅力的に思う物件の場合は、買いたいと望む人が多く、その分、物件価格が上がってしまいます。そうなると、利回りの数字はかなり低いものとなってしまいます。だいたい5％から6％ぐらいです。賃貸需要が落ちないという点ではローリスクなのですが、ローリターンでもあるわけです。

これをなんとかできないか、少しでもリターンを上げることができないかと考えて編み出したのが、**「都市型新築アパート」**です。これは、利回りで言うと

8％以上で、都心の中古物件よりも利回りが高い物件です。

実現するためのポイントは、「土地の選び方」と「建物の建て方」です。

この二つを工夫することで、利回りをグンとあげることができます。

普通なら都心の一等地にアパートを建てるとなると、利回りは仮に5％くらいだとして、これを8％にまで上げることができれば、マーケットに出したとしてもすぐに買い手がつくはずです。キャピタルゲインも十分に狙えます。

利回りを3％上げる方法とは？

では、どうすれば利回りを上げることが可能なのでしょうか。

それはまず、土地を安く買うことです。言い方を変えると、安く買える土地を探し出してくるということです。

価格というのは需給のバランスで決まるので、競争相手が多いような、誰もがほしがる土地は、価格もつり上がって高価になります。安く手に入れるためには、**他人が選ばないものを選ぶことが必要です**。たとえば、図18の旗竿地《はたざおち》の

図18　旗竿地

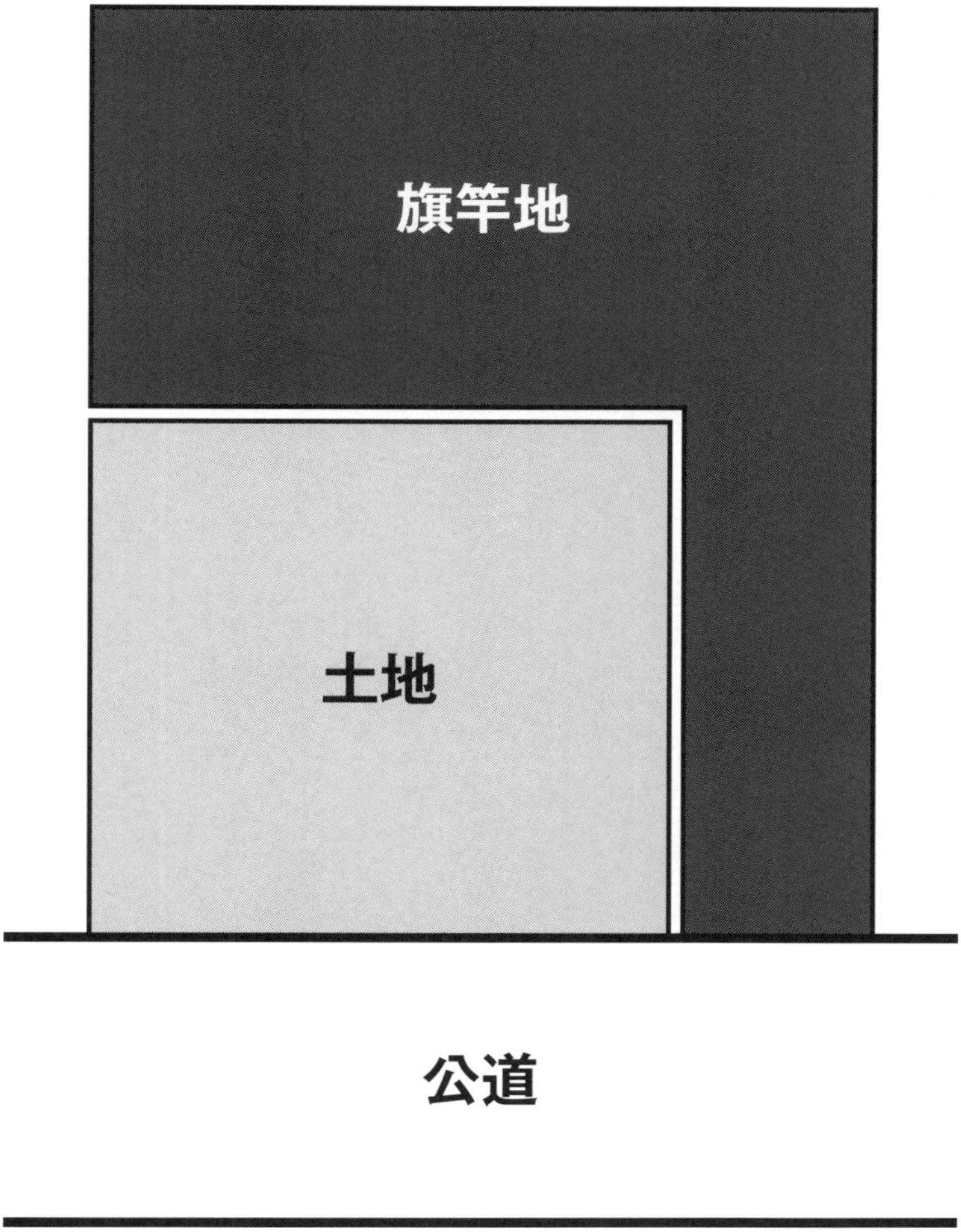

ように、あえて形の悪い土地を選びます。持ち家を建てるには敬遠される旗竿地も、賃貸物件用地としてなら、需要は十分に見込めます。そのような土地に賃貸物件を建てるのです。

二つ目の方法は、戸数をできるだけたくさん増やすことです。敷地いっぱいに建物を建て、一つでも多く部屋をつくります。ただし、普通のアパートを建てるとなると、建築基準法があるため、建築上の様々なルールに縛られてしまいます。2階建てで、ワンフロアに3室、合計6室が精いっぱいです。

ところが、図19にあるように重層長屋タイプにすれば、避難経路をつくる必要もありません。高さも3階までOKです。図のように玄関をすべて一階につくり、2階、3階には内階段で上るタイプの部屋をつくります。この工夫で6室が限度だった土地に9室つくることができて、家賃収入が1.5倍になります。もともと土地自体を安く仕込んでいるうえに家賃収入が1.5倍ですから、利回り8%以上の新築物件に仕上がるのです。

このような知識だけがあっても、誰にでもできるわけではありません。重層長屋の設計ができる一級建築士の協力が必要ですし、なかなか出回らない旗竿

図19　共同住宅（アパート）と重層長屋の違い

〈共同住宅〉

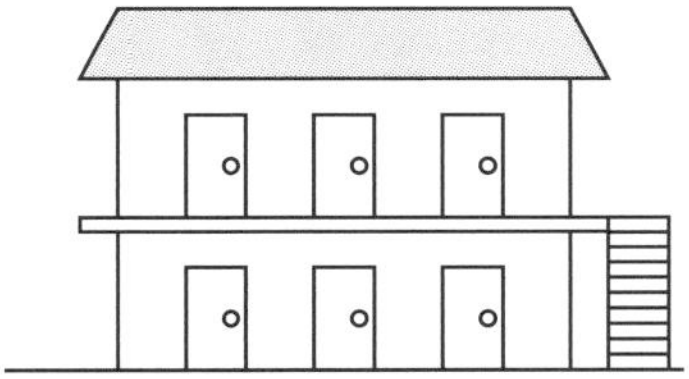

●外階段と廊下で２階に上がる
●各階に各住戸の入り口がある
●共用スペース（外階段や廊下など、入居者が共同で使うスペース）がある

〈重層長屋〉

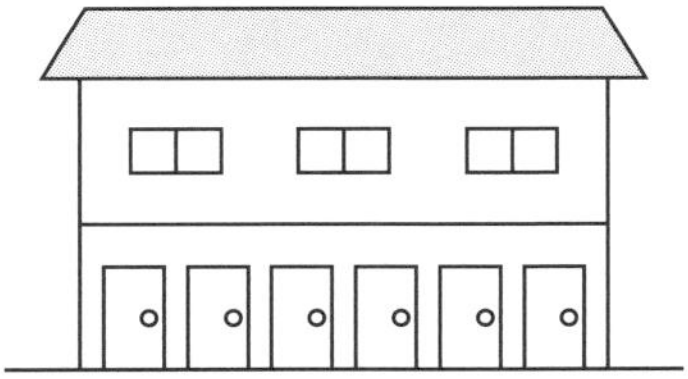

●１階にすべての住戸の入り口がある
●専用の内階段で２階に上がる
●共有スペースがない

〈著者のアパート〉
長屋式３階建て

地の情報を得るための人脈も必要です。情報と人脈があるからこそ、ノウハウも生きてくるのです。「都市型新築アパート」の詳しいノウハウについては、長岐氏の書籍が出版されているので、そちらを参考にしてください。

8 ネット情報をマーケティングに役立てよう

不動産ポータルサイトの活用法

地方の中古物件や都心の新築物件について紹介しましたが、いずれの物件でも一番重要なのは、「**エリアマーケティング**」です。一言でマーケティングといってもいろいろな方法がありますが、一番初心者でも取り組みやすいマーケティングが、不動産ポータルサイトを活用した方法です。

不動産ポータルサイトには、実に多種多様です。スーモやホームズなど、調べれば調べるほど、ターゲットとしてどういう人が多いのか、世の中にはどんな物件が多いのかなどがわかり、おおまかな仮説を立てることができます。

大家向けのサイトに、ホームズの「見える！　賃貸経営」というものがあります（図20）。ここには「部屋を探している人がどんな検索をしたか」についてのビッグデータが蓄積されているので、傾向をつかむためには大変便利です。

空室率や利回り、家賃の全国平均などもわかります。エリアごとに調べることもできます。検索頻度の高低がわかるヒートマップを見れば、検索数の多い・少ないがわかるので、人気のある・なしが一目瞭然です。

また、検索数と掲載数の比較もできます。

検索数というのは、要はニーズの現れなので、どれくらい市場から求められているかという指標となります。掲載数は「実際にこういう物件があります」という情報なので、いわば供給側の情報です。この二つのギャップが大きくて、検索数が掲載数よりも多ければ多いほど、賃貸経営としては期待できるエリアだということになります。逆の場合は、検索数よりも部屋数が多いので、部屋が余ってしまっているということになります。そのようなエリアでの賃貸経営は、よほどうまくやらないと大変です。

データはあくまでもデータなので、絶対に正解というわけではありません。し

図20　ポータルサイト

〈ホームズ〉

〈空室率のデータ〉

かし、少なくとも母数がある程度あるということはわかります。

また、どれくらいの家賃で検索しているかもわかるので、たとえば8万円以上で検索している人が一人もいないエリアなら、それ以上の価格設定は無理だということがわかります。

これだけ便利なサイトがあるのだから、きっと大家になる人は全員使っていると感じるかもしれませんが、意外とそうでもありません。こういうツールの存在、そして誰でも見られるということを知らない人も意外と多いのです。ということは、活用して実践に役立てれば役立てるほど、大家としての経験値も上がり、〝満室大家〟になれる可能性も高まります。

ぜひ一度見てみてください。

9 マーケティングは女性目線で行おう

周辺環境は必ずチェックを！

前項でも述べたように、まずはネット情報で大まかなイメージをつかみます。データベースを参考にしてエリアの特性なども分析しておきましょう。そのうえで、さらに検討に値すると思った場合は、やはり**実際に足を運ぶことが大切です**。ネットでは調べきれない情報を現地で確認します。

物件購入を検討するうえで最も大事なのは、**周辺環境**です。最寄り駅から物件まで歩いてみて、住環境としてどうか、どんな人が多く住む地域なのか、住んでいる人はどのような需要を感じているのかを考えます。

検討している物件がシングル向きの間取りのものであれば、環境がそれに適したものかどうかを見極める必要があります。というのも、環境は、自力では変えられないからです。

こちらは単に物件購入の検討者なので、ある意味自由です。親の土地を引き継いで、そこで賃貸経営をしていくのとは話が違います。紹介されたのはシングル向きの間取りでも、「ここはファミリー世帯が住む環境だな」と思ったら、シングル向きの物件はあっさり捨てて、ファミリー向けの物件情報を探せばいいのです。

簡単に、目安となるポイントを挙げてみましょう。

・シングル向きの環境

駅から近い（徒歩10分以内）／コンビニやファストフードの店がある／レンタルCDやDVDの店舗がある／コインランドリーが近い　など

・ファミリー向きの環境

駅から遠いが、駐車場がある／ショッピングセンターが近い／小学校や幼稚園が近くにある　など

物件調査は女性目線で！

エリアマーケティングが終わったら、次は物件調査です。その物件が他にはない長所を持っていれば、入居者募集の際の強みになります。

反対に気になる点、改善したいところがある場合は、その費用を検討しなければなりません。環境と違って、物件そのものはいくらでも変更することができます。もちろん費用はかかるので、賃貸経営をするうえで、収支にどのように影響を与えるかをしっかり確認しておきたいものです。

賃貸業を行ううえでポイントになるのが、「男性目線でやるか女性目線でやるか」ということです。これは非常に大事な点です。基本的にオーナーの大多数は男性、しかも50代後半くらいの年輩の方です。

サラリーマン大家というのはまだまだオーナー全体から見ると少数派で、ほとんどは地主などの「おじいちゃん目線」の人たちです。そんな中、女性目線のマーケティングができたら、ほぼ無敵です。家や部屋に対するこだわりは女性の方がシビアなので、女性が気に入るような物件をつくれば、男性も絶対入ってくれる、そういうものなのです。

クロスの材質や色、キッチンや水回りのデザイン、建物全体の外壁の色合いやエントランスなどに、ぜひ女性目線を取り入れてください。

女性目線がわからないという人は、お客さんに物件を紹介してくれる賃貸業者の女性営業マンの意見を取り入れたり、奥さんや女性の友人の意見を聞いてみたりするといいと思います。おじいちゃん大家はそんな努力もせずに「値段が安いならなんでもいいよ」と言って設備なども適当に決めてしまうことが少なくありません。そんな相手にエリアの中で勝っていくのは、そう難しいことではないのです。

ただし、先ほど紹介した女性投資家Wさんのように、そもそも男性が中心のターゲットとなるエリアでは、男性目線のほうがいい場合もあるので、注意が必要です。

10

エリア次第で大成功！ペット可物件の魅力とは？

困ったときは「ペット可」を検討しよう

お金をかけて高級設備を取りそろえたら、それはもちろん、他の物件に勝つことができるでしょう。とはいえ、エリアごとに賃貸相場というものがあるので、設備が高級だからと言って、そのぶんを上乗せした高額な家賃がとれるものでもありません。特に東京の場合、激戦区である港区や千代田区のような場所であれば可能かもしれませんが、郊外エリアでは難しいと思います。

そんなとき、一つの選択肢として「ペット可物件」にするという手がありま す。先ほどは、ペット可にして失敗した例を紹介しましたが、エリアや物件次第では、ペットが飼える物件は大きな魅力となります。周りに同じようなペット可物件がたくさんあって、空室も出ているようならあまり意味はありませんが、そうでなければ人気が集まる可能性があります。

「ペット可」と方向転換することで、入居者が増える!?

実際に私がコンサルティングした事例ですが、東京・町田市にあるファミリータイプの物件で、ほぼずっと満室稼働を続けた優良物件がありました。これはペット可のマンションだったからだと思います。

一般的には、ペット可にすると物件が傷むから嫌がるオーナーが多いのです。においが部屋に残るので、退去後の修繕コストもかなりかかります。ペット嫌いの人には敬遠されてしまうという懸念もあります。ですが、そこはもうあきらめて、切り捨ててしまうというのも一つの戦略です。「ペットを飼いたい人だけ住んでください」と方向転換することで、ペットを飼いたい人が集まるようになります。ペットを飼っている人は、比較的長期にわたって住んでくれるというのも大きなメリットです。安定した家賃収入が見込めるからです。

もちろん、この方法がいつでもうまくいくわけではありません。

ここで言いたいのは、**顧客目線に立ってきちんとマーケティングを行い、戦略を立てて賃貸経営をしましょうということです。**

他の場所で人気が高い条件が、どこの場所にでも当てはまるものではありません。極端な例を言えば、どんなに設備が充実していても、とにかく家賃が安いものが好まれるというエリアもあります。自分の所有する物件のエリアがどのような特性を持っているのかについては、しっかり調査する必要があります。なかなかそこまでしている人は少ないので、もしもそれができれば、他物件との差別化を図ることができて、間違いなく成功できるでしょう。

11

投資物件は、メンターと一緒に現地調査をしなさい

物件は必ずメンターと一緒に確認しよう

もう一つ重要なことは、**不動産を購入する場合には、客観的な意見をくれるメンターと一緒に必ず現地で物件を確認する**ということです。第3章で、メンターの重要性は説明しました。できれば2日以上かけて、様々な視点から見ることが大切です。先ほどお話ししたエリアマーケティングや投資の採算などがそれにあたります。特に初心者のうちは、できるだけ多くの物件を見て経験を積むことが必要です。

さらにできれば、複数の現地の管理会社に話を聞くことをお勧めします。

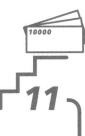

オーナーに話を聞くからこそ得られる情報がある

私の所属する不動産投資家コミュニティでは、「物件見学合宿」という名の見学ツアーを行っています。

現地で収益を上げているオーナーの話を聞いたり、実際にその物件を見たりしながら、オーナーの疑似体験を目的とする、一泊二日の合宿ツアーです。

それまでに理論的な勉強はもう終えていて、頭では十分に不動産投資について理解できている人たちですから、実際に現地でオーナーに会って話を聞くことでかなり具体的なイメージができるようです。買うまでの苦労話や、買ってからの空室対策や管理会社との交渉の経緯なども包み隠さず話してもらえますし、誰もが気になる収支のことも教えてもらえます。

さらに、その地方の優良な管理会社とのコネクションも築くことができるのです。これらのことを一から一人でやろうと思ったら、かなりの時間がかかってしまいます。スピード感がまったく違ってきます。

この合宿を体験することで、その後すぐに物件を買えたという事例が増えてきています。

開催場所は北海道から九州までの全国の政令指定都市で、土日を使った1泊2日で年に4回行っています。そして、参加者も全国から集まってきます。

合宿の重要なコンテンツとして、地域の優秀な管理会社や有力な大家の方なども招いての懇親会もあり、いわゆる「飲みニュケーション」で地域の方々との交流を楽しんだり、地域の市況についての情報を得ることができます。

中には、当初は地方での不動産投資に不安を持って参加してくるメンバーもいますが、2日間の合宿を体験することで、地方での不動産投資に対して前向きになる人がほとんどです。

新しいことに踏み出す際には、体験のある・なしがやはり重要です。**それまでは何となく他人事のように思ってきたことも、一度体験してみることで自分ごととして認識できるのです。**

図21　一般的な大家の会と物件見学合宿の違い

一般的な大家の会

参加者は、もともと地主の人、資産家など

- 最新情報やノウハウ収集のための座学のセミナーが中心
- 物件視察ツアーもあるが、不動産会社が販売している物件を視察する場合が多い
- 決まった地域のみのコネクションを築くことができる

物件見学合宿

参加者は、サラリーマン大家がメイン

- 不動産オーナーを疑似体験できる一泊二日の合宿
- オーナーが実際に運営している物件を見に行き、オーナーに直接話を聞くことができる
- 日本全国の政令指定都市を訪問するので、全国の優良な管理会社とのコネクションを築くことができる

体験すれば、いつでも引き返せる

インターネットの普及などにより、一般消費者が「情報」に価値を見出さくなった現代において、「体験」は一つの重要なキーワードだと感じています。

音楽の世界でも、ＣＤは売れなくなっても、ライブは大人気でなかなかチケットが取れないというような話を聞いたことがあります。みんな「生の体験」を求めているのです。

体験してみることのメリットは、「**いつでも引き返せる**」というところにもあります。スポーツジムなどの、いわゆる〝無料お試し体験〟と同じで、向いていないと思ったらやらなくていいのです。それが確認できるのは大変ありがたいことです。

一方、ぜひ自分もやってみたいと思った場合には、その時点ですでに、その地方の魅力も発見し、オーナー業のシミュレーションもできています。購入後の管理会社の担当者の顔まで見えているのですから、大いに安心して前へ進めるのです。

他人の経験を成功と失敗、両面から疑似体験する

不動産投資というのは、いまだにアナログの世界観がある領域です。バーチャルではなくリアルに行動して人と会うという体験が、きっとその後の投資スタンスにいい影響を与えてくれるはずです。

どんなことにおいても、行動につなげるためには体験が欠かせません。**知識がないから行動できないのではなく、経験がないから踏み出せないのです。**

時々行動力に優れた人がいて、いきなり未開の地を走り抜けようとする人もいますが、たいていの場合、地雷を踏みまくって失敗しています。

失敗を通じて学べることはもちろんたくさんあります。電話営業などで、あえて名簿に載っている会社に全て電話させるような教育体制を取っている会社もあると聞きますが、それは、失敗しても会社がカバーできるレベルだからこそできることです。

しかし不動産投資の場合、たった一つの失敗でも、金銭的なダメージが大き

くて人生を狂わせてしまうこともあります。

やはり初心者は、先輩たちが人柱となって開拓してくれた安全な道から始めるのが無難でしょう。**他人の経験を、失敗と成功、両面から疑似体験できるのが、何より合宿の魅力です。**

12

管理会社の選び方ではずしてはいけない5つのポイント

サラリーマン大家は自分で管理をしてはいけない

投資用不動産を購入し、賃貸物件のオーナーになると、今度は「管理」という問題に直面します。自宅の近くの物件なら自分で管理することも不可能ではありませんが、地方の物件の場合や戸数が多い場合、また、別の仕事を持っていて忙しい場合などは、管理会社に管理を委託したほうがいいでしょう。

基本的には、サラリーマン大家のように副業として賃貸経営をする場合は、たとえ自宅の近くの物件であったとしても、管理会社を使ったほうがいいと思います。というのは、賃貸契約書には物件の管理者の連絡先を書く欄があって、自分で管理する場合はそこに、自分につながる電話番号を書く必要があるからです。エアコンの調子が悪い、水漏れがするなどのクレームに自分で対応する手間やわずらわしさを考えると、管理費を支払ってでも専門の管理会社に任せたほうがいいと思います。

そこでここからは、管理会社を選ぶうえでのポイントを紹介します。

管理会社を選ぶうえでのポイント

・ポイント1　管理戸数と入居率

管理会社の実績として、これらの数字は公開されているはずです。管理戸数が多ければいいというものではありませんが、管理戸数が１０００戸以上かどうかを一つの目安として考えましょう。

入居率は高いほうが安心なので、都内では95％以上、地方でも90％以上が望ましいです。

・ポイント2　手数料

管理手数料は、会社によって様々です。家賃収入に対しておおよそ3％から10％くらいまでの幅です。これも安ければいいというわけではなく、大切なのは内容とバランスです。賃貸募集、家賃入金管理、建物管理、入退居対応など、こちらが求めている管理内容をすべて網羅してくれているかどうかをきちんと確認することが大切です。

・ポイント3　客付け能力（賃貸物件の入居者を募集する力）

ポイント1の入居率とも連動しますが、客付け能力の有無は、オーナーの将来的な賃貸経営の行方を左右しかねない重要なポイントです。自社で客付けできる能力が高いかどうかの確認はもちろん、他の不動産会社とのコネクションを多数持ち、幅広く募集してくれるかどうかも確認しましょう。

・ポイント4　オーナー目線でやれるかどうか

これは、オーナーと同じ方向を向いて仕事をしてくれるかどうかということです。たとえば退去者が出て部屋をきれいにするとき、修繕費用が依頼するリフォーム業者によって大きく変わることがあります。ひどいケースでは、管理会社が手数料を取る目的で、わざと高額の修繕をさせるというようなことがあると聞いたこともあります。このようなことを防ごうと思ったら、見積もりをきちんとチェックして不正がないかどうかを確認し、工事が完了したら、現地まで行って実際にきちんと工事が行われたかどうかを自分の目で確かめるしかありません。そういう姿勢の管理会社の場合、一事が万事で出費がかさみ、長期間で見た場合、賃貸経営に悪影響を及ぼすことになるでしょう。

・ポイント5　提案力

管理会社から、管理物件をどんなふうに管理していけばいいかなどについて提案してもらえると、オーナーはずいぶん助かります。また、なかなか空室が埋まらないときなどに、客付けするための提案をしてくれる管理会社もありがたいものです。

13 頼りになる管理会社とダメな管理会社の見分け方

入居者が入らないときの対応について尋ねよう

今度は逆に、〝使ってはいけない〟管理会社の見分け方もお教えしましょう。

それは、二つのＮＧワードを使うか使わないかです。

その管理会社に依頼するかどうか迷ったら、次の質問をしてみてください。

「なかなか賃借人がつかないとき、どうしますか？」と。

頼りにならない管理会社は、必ず次のどちらかの答えを言ってきます。

「家賃さえ下げてくれれば客付けできますよ」

「空室が埋まらないのは、立地が悪いせいです」

このような管理会社なら、早いうちに手を切ったほうがいいでしょう。

極端に高額なリフォーム案を出してくる場合も同様です。

オーナー側に一方的に金銭的負担を押しつけて、自分たちは何の工夫もせずに待ちの姿勢でいる管理会社に、長期間にわたってお世話になることはできません。

また、「立地が悪い」という、本質的に変えられないことをできない理由にする態度は、真面目にやる気がないとしか思えません。

お金をかけなくても、**「こういう工夫で反応がよくなる」というようなアイデアをどれだけ持っているかが、管理会社のよしあしを判断する大切なポイント**だと思います。世の中には、残念ながら質の低い管理会社も大変多く、私の感覚では素晴らしい会社は100社あるうち1社か2社くらいにすぎません。

頼りになる管理会社はこう考える！

ここで、管理会社と一緒に空室を埋めることに成功した事例を紹介します。

私の知人に、東京に住みながら、静岡県に10室の賃貸物件を購入したオーナーがいます。「10室あるうち8室が空室」という悪条件での購入でしたが、半年間は賃料保証がつくということで、「半年あれば管理会社が埋めてくれるだろう」と、何の手も打たないまま5ヶ月目を迎えました。フタを開けると、空室が埋まるどころか、また1室が空いてしまったというのです。つまり、1室しか埋まっていないということになります。

これはさすがにまずい状況です。このままでは、7ヶ月目からのローン返済も危ぶまれます。

相談を受けた私は「まずは現地に飛んで行って、管理会社と顔を合わせて対策を練るべきだ」とアドバイスしました。それまでは電話だけで指示をして、報告も電話で受けていたというのです。内心、私は「だから丸投げはよくないんだ！」と改めて感じていました。

この物件は、実は

- **最寄駅から車しか交通手段がない（歩くと40分以上かかる！）**
- **ペット可物件だが、ペットの鳴き声がうるさく、騒音物件になっている**

というデメリットがあったのです。

ですが、メリットもありました。

- **部屋が10畳と広い**
- **設備が新しくてきれい**
- **お風呂がゆったり広め**

これらのメリットを客付けに活かすためにはどうすればいいのか、オーナーと管理会社は次のような施策を行いました。

- **空き部屋をきれいに整えてオープンルームにし、近隣の不動産会社に公開し、オーナー自ら案内をするイベントを実施**
- **客付け会社（仲介会社）のインセンティブを手厚くする**
- **賃料を周辺相場と戦えるレベルに下げる**

これらの施策の甲斐あって、その後10日間で3室が埋まり、なんとかローンを返済してプラスにすることができ、今では満室になっています。

不動産オーナーになるというのは、賃貸経営の「経営者」になるということです。つまり、経営者としてある程度の経営努力が必要なのです。

特に、空室の有無は収支に大きく影響することなので、他人任せにしてしまうのは危険です。他人に任せるのは、あくまで「管理」の部分です。根幹となる「経営」の部分は、やはりオーナー本人がやらなければならないのです。

今回の例からわかることは、やはり自ら動くことの大切さです。仲介業者に自ら出向き、顔を見せて頭を下げてお願いすることで、多くの仲介業者たちが意気に感じて動いてくれるのです。不動産の仕事は、いまだに「人」が介在する部分が多いのが特徴です。属人的なつながりが成果を左右することも多いので、不動産オーナーを志す人はその点をしっかり心に留めておいてください。

14

家族に反対されたらどうするか

同意を得られなくても、まず始めてしまうのも手

コミュニティの仲間から受ける相談の中で多いものの一つであり、誰もが一度は悩むのが、家族や知人の反対です。

私は相談されると、「中にはご家族や知人に言わずにやっている人もいますよ」と答えることがあります。これは、もちろん相手によります。家族の連帯保証が必要な場合には黙っておくことはできませんし、黙っていたことが原因で家庭不和になる危険があるのなら、それを勧めるわけにはいきません。しかし、そういった事情がない場合には、「これは資産運用という未来を見据えての

行動なんだから、もし本気で不動産投資に取り組む決意があるのであれば、いちいち相談しなくても自分の判断で始めてもいいのではないでしょうか」と伝える場合もあります。「少なくとも、私たちのコミュニティには同じような課題をわかち合える仲間がたくさんいるので、応援できますよ」と。

実は私も長い間、家族に黙って投資用不動産を購入していました。会社からの独立を考え始めた時点で家族には開示しましたが、その時点ではすでに成果が上がっていたので、家族にもなんとか受け入れてもらい、応援してくれています。もちろんこれが、始める前だったらうまくはいかなかったでしょう。あくまでも不動産投資の結果には自分で責任を取る必要があり、また周りの人々に迷惑をかけることはよくありません。自分自身で迷いなく決断でき、しっかり収益を上げることができるのであれば、家族や友人の許可を得ずに始めることも一つの選択肢ではないでしょうか。

同意を得ることに時間を使うくらいなら、一つでも多く知識を身につけ、実践したほうが、あなたの血や肉になると思います。

第4章まとめ

①不動産は唯一無二。量産できない分、供給側の力が強くなる業界
②不動産投資では自分のお金を使わず、とことん手間をなくせる
③銀行員は「誰に貸すか」より「どの不動産に貸すか」を見ている
④不動産の価値は、積算評価と収益評価で決まる
⑤現在～将来のロードマップをつくり、どう行動するか落とし込もう
⑥そのエリアに住む人がどんな人かわかれば、地方物件も怖くない
⑦収益の見込めない都心の新築物件を建てるなら「旗竿地」を狙おう
⑧ホームズなどのポータルサイトを利用して、色々な仮説を立てよう
⑨マーケティングは女性目線で。わからなければ周りの女性に聞こう
⑩都内の激戦区では「ペット可物件」にすることも考えよう
⑪管理会社は、オーナー目線で提案してくれる会社を選ぼう

⑫頼りになる管理会社は入居者が入らないのをエリアのせいにしない
⑬投資物件は、メンターと一緒に2日以上かけて現地調査しよう
⑭家族の賛同が得られなくても、まずは投資を始めて結果を出そう

おわりに　自分自身の「北極星」を定めよう

最後までお読みいただきまして、ありがとうございます。

本書は、お金の増やし方について、初心者の方でも、できるだけわかりやすいように、平易かつ具体的な説明を心がけました。しかし中には、

「もっと具体的なノウハウを知りたいのに！」

と思われる箇所もあるでしょう。

そういう方のために、より具体的なノウハウを記載した本書籍購入者限定の特典を用意しました。本書の最終ページにその詳細についての説明がありますので、さらに詳しく知りたいと思ったあなたは、ぜひ特典も活用してください。

＊

私はこれまで400名にものぼる不動産投資家コミュニティの代表として、いろいろな投資家のコンサルティングをしてきました。そのためよくわかるのですが、**結果を出している人は、必ず自分の中に確固たる目標を定めています。**自分自身が目指すべき「**北極星**（＝ブレない軸）」を持っているのです。

「北極星」というのは、いつ夜空を眺めてもひときわ輝き、私たちに方角を指し示してくれる絶対的な存在です。それを心の中に持つ人は、決して迷うことはありません。進むべき方向があり、距離の予測がつけば自信を持ってそこに向かって歩き続けることができます。

道は一つではないかもしれません。時には横道にそれることも、戻らざるを得ないこともあるでしょう。でも、どんな道筋をたどったとしても、ゴールにたどり着ければ冒険は成功です。雨の日も嵐の日もあります。日々の感情には流されずに、ジグザグでもいいから進んでいくことが大切です。

一時的な感情に振り回されないためには、あなたに合うメンターが必要です。

メンターから学ぶポイントは、投資基準、つまりリスクに対応する際の一貫した基準です。「損した」「得した」と一喜一憂するのではなくて、損をするときもあれば得をするときもあると泰然とした態度で構えていられることが成功の秘訣です。投資の結果は、長期スパンの変化率で見るべきで、短期の結果で判断してはいけません。最初にリスクの振れ幅を仮説として立てておいて、その範囲に収まっていればマイナスでもプラスでも動じないで、粛々とやるべきことを続けましょう。

また、投資をするには「俯瞰思考」と「時間軸」で考える姿勢が不可欠です。マイナスもプラスも自分という器の中に抱え込む覚悟、自分の器がどこまでのマイナスに耐えられるのかを分析できる冷静さも必要です。結局人のお金の許容度はマイナスもプラスも同じなのです。一億円の借金ができる人は、一億円の資産を持てる器の人と言えるでしょう。

北極星を心の中に掲げる、そして自分のお金の器の大きさを正しく知る。この2つを用意することができれば、きっと投資の世界であなたなりの輝かしい成功を収めることができるはずです。

この本があなたにとって、「投資で、人生を変える」きっかけとなることを心から願いながら、筆を置きたいと思います。

2016年3月

長岐隆弘

『銀行員が教える　一生困らないお金の増やし方』
読者限定特典

「お金を劇的に増やす」二大秘密兵器を差し上げます！

本書を読まれて、「お金の増やし方」を具体的にチャレンジしてみたい、というみなさんに、「お金を劇的に増やす」ための二大秘密兵器を読者限定特典として、今回に限り、特別にあなたに差し上げます。

❶ あなたにピッタリの投資法がわかる「秘密のフローチャート」（PDF）

フローチャートの質問に答えていくだけで、定期預金、保険、株式投資、投資信託、ＦＸ、外貨預金、オフショア投資、不動産投資といった様々な投資法の中で、あなたに合った投資法がわかるようになる秘密のフローチャートです。

❷「物件見学合宿」の極秘音声対談（MP3）

不動産投資の成功のポイントは、「物件見学合宿」に参加することです。私たち、不動産投資家が直近に開催した合宿に参加した、不動産オーナーと管理会社の貴重なナマの声を収録した対談音声です。

ご希望の方は、このアドレスへアクセス！

http://asset-life.co.jp/okanefueru.html

長岐隆弘 Takahiro Nagaki

不動産鑑定士／不動産投資家プロデューサー
アセットライフマネジメント株式会社 代表取締役
メガバンク行員時代の知識と経験をもとに、不動産投資などの資産運用により、月 100 万円以上の「お金を増やすしくみ」を築いて「経済的自由」を実現。現在は不動産鑑定士として活躍するかたわら、累計 400 名を超える不動産投資家を世に送り出す不動産投資家プロデューサーとしても活躍。どんな人でも、知識ゼロ、貯金ゼロから【３年間で月 100 万円の収入を築く】という独自の投資理論は、将来に不安を感じるサラリーマン、OL、主婦、学生などの投資家予備軍にも多大な影響を与え続けている。不動産や資産運用に関する書籍を７冊出版しており、累計７万部を突破。最新作に『老後破産したくなければいますぐ「都市型新築アパート」に投資しなさい』（アチーブメント出版）がある。野村不動産アーバンネットをはじめとする大手企業や商工会議所などの団体からの講演依頼も多く、フジテレビの全国放送「ダウンタウンなう」へのテレビ出演や、『週刊ダイヤモンド』『日経ビジネスアソシエ』など、メディアからの取材も多数。

◆アセットライフマネジメント株式会社　ホームページ
http://asset-life.co.jp/

高市 亮 Ryo Takaichi

不動産投資家／ LYO 株式会社代表取締役
大学卒業後、メーカーに技術者として勤務していたが、事業部の業績悪化によりリストラの危機に陥る。一気に将来が見えなくなり、不安が募りはじめた中、偶然出席した同窓会で、同級生が不動産投資をやっていることを知り、不動産投資を開始する。知識や経験がまったくない状況からスタートして数々の失敗を経験するも、長岐隆弘氏が主催する不動産投資コミュニティとの出会いもあり、状況が改善。３年で 47 室、２億 4000 万円の資産を築く。自身が不動産投資を通じて人生の可能性が広がった経験から、同じような悩みを持つサラリーマンの人生の可能性を広げたいと考え、独立。現在は不動産投資コンサルタントとして、不動産投資家の育成を行っている。

＊本書の内容は2016年3月現在の事実をもとに制作しています。利率等の情報は予告なく変更されることがあります。
＊本書の情報については細心の注意を払っておりますが、正確性や完全性等について一切保証するものではありません。個別商品の詳細については、各金融機関等に直接お問い合わせください。
＊本書に記載した情報や意見によって読者に発生した損害や損失については、著者、発行者、発行所は一切責任を負いません。投資における最終決定はご自身の判断で行ってください。

銀行員が教える
一生困らないお金の増やし方

2016年4月5日　初版発行
2016年5月30日　2刷発行

著　者　長岐隆弘・高市 亮
発行者　野村直克
発行所　総合法令出版株式会社
〒103-0001 東京都中央区日本橋小伝馬町15-18
ユニゾ小伝馬町ビル9階
電話　03-5623-5121
印刷・製本　中央精版印刷株式会社

落丁・乱丁本はお取替えいたします。

ISBN 978-4-86280-497-6
総合法令出版ホームページ　http://www.horei.com/